वाणी प्रकाशन ग्रुप

भारतीय ज्ञानपीठ

वाणी प्रकाशन : भारतीय ज्ञानपीठ की पुस्तकों के एकमात्र प्रकाशक एवं वितरक

स्वतन्त्रता समर के भूले-बिसरे सितारे

पांखुरी वक़्त जोशी

वाणी प्रकाशन ग्रुप
भारतीय ज्ञानपीठ
वाणी प्रकाशन : भारतीय ज्ञानपीठ की पुस्तकों के एकमात्र प्रकाशक एवं वितरक
Email : sales@vaniprakashan.in

सजिल्द पहला संस्करण : 2024

शिक्षोदय ग्रन्थमाला

प्रकाशक
वाणी प्रकाशन ग्रुप
4695, 21-ए, दरियागंज, नयी दिल्ली-110 002
फ़ोन : 011-23273167, 23275710
ईमेल : sales@vaniprakashan.in

ISBN : 978-93-5775-585-6

स्वतन्त्रता समर के भूले-बिसरे सितारे
(इतिहास)
पांखुरी वक़्त जोशी

Swatantrata Samar Ke Bhoole-Bisare Sitare
(History)
by Pankhuri Vaqt Joshi

मुद्रक : आर. टेक ऑफ़सेट प्रिंटर्स, दिल्ली-110 032

Price: 395

प्रेरणा के अक्षर स्रोत

अपने पूज्य पिता

और

प्यारे दोस्त

अशोक वक़्त जी को

सादर समर्पित

–पांखुरी

निवेदन

भारत का स्वतन्त्रता समर विश्व इतिहास का स्वर्णिम अध्याय है। देशप्रेमी भारतीयों ने ब्रितानी शासन का प्रतिरोध उसके आरम्भिक काल से ही करना शुरू कर दिया था। सन् 1857 तक कोई भी ऐसा वर्ष नहीं रहा, जब भारत के किसी न किसी भू-भाग में विद्रोह की चिनगारियाँ नहीं भड़की हों। यह विद्रोह मुख्य रूप से तीन रूपों में उजागर होता रहा था—सामान्य नागरिकों का विद्रोह, आदिवासियों की बग़ावत और किसानों के आन्दोलन एवं विद्रोह। भारतीयों का असन्तोष लगभग एक शताब्दी तक देश के अलग-अलग स्थानों पर फूटता रहा था। अपने अधिकारों से वंचित हुए ज़मींदारों, जागीरदारों, राजाओं, नवाबों और पूर्व सैनिकों के सशस्त्र प्रतिरोध की घटनाएँ निरन्तर घटित होती रहीं। शोषण और अत्याचारों के शिकार हो रहे कृषक और श्रमिक लगातार विद्रोह में प्रतिभागिता करते रहे थे।

बंगाल में सन् 1763 से 1800 तक संन्यासी विद्रोह चलता रहा था। सन् 1766 से 1772 तक चुआर विद्रोह चला, जिसकी आग बंगाल से बिहार के पाँच ज़िलों तक सुलगी थी। सन् 1795 से 1816 के मध्य चुआरों का दूसरा विद्रोह हुआ था। सन् 1804 से 1817 तक उड़ीसा के ज़मींदारों ने विद्रोह किया था। दक्षिण भारत में विजयनगर के राजा ने सन् 1794 में विद्रोह का बिगुल बजाया था। सन् 1801 में मालाबार और दिंदिगाल में, सन् 1801 से 1805 तक आन्ध्र प्रदेश के तटवर्ती क्षेत्र में और सन् 1813 से 1834 तक परलाकिमिदी में विद्रोह के ध्वज फहराये गये थे। मैसूर में सन् 1800 और 1831 में विद्रोह हुए थे। विशाखापट्टनम में 1830 से 34

तक विद्रोह का शंखनाद हुआ था। त्रावणकोर के दीवान बेलू ताम्पी ने सन् 1805 में विद्रोही तेवर दिखलाये थे। सन् 1816 से 1832 के मध्य में सौराष्ट्र के सरदारों ने अनेक बार विद्रोह किये थे। गुजरात में कोलियों ने 1824-25 में और फिर सन् 1828, 1839 और 1849 में विद्रोह किये थे। सन् 1824 से 29 तक कित्तूर में, सन् 1824 में कोल्हापुर में और सन् 1841 में सतारा में विद्रोह के बादल फट पड़े थे। सन् 1844 में गदकरियों का विद्रोह हुआ था। सन् 1824 में पश्चिमी उत्तर प्रदेश और हरियाणा के जाटों ने अंग्रेज़ों की नींद उड़ा दी थी। सन् 1805 में बिलासपुर के राजपूतों ने, सन् 1814 से 17 तक अलीगढ़ के तालुकेदारों ने और सन् 1842 में जबलपुर के बुन्देलों ने अंग्रेज़ी राज की चूलें हिला दी थीं। ब्रिटिश राज के आरम्भिक एक सौ वर्षों में हुए इन सभी विद्रोहों ने अंग्रेज़ों को बहुत छकाया था।

नगरों और गावों के साथ ही भारत के विभिन्न आदिवासी अंचलों में भी अनेक विद्रोह अलग-अलग समय में होते रहे थे, जिनमें हज़ारों आदिवासियों ने भाग लिया था। सन् 1820 से 1837 तक को आदिवासियों के विद्रोह ने अंग्रेज़ों को थर्रा दिया था। सन् 1855-56 में सन्थालों के विद्रोह ने उग्र रूप धारण का लिया था। सन् 1879 में रम्पाओं का विद्रोह भी भीषण सिद्ध हुआ था। सन् 1895 से 1901 तक मुण्डाओं का विद्रोह ब्रिटिश राज की आँख की किरकिरी बन गया था। बस्तर सहित देश के अन्य अंचलों में भी आदिवासियों के विद्रोह हुए थे।

स्वतन्त्रता संग्राम में किसान आन्दोलनों की भी अत्यन्त महत्वपूर्ण भूमिका रही थी। वहाबी आन्दोलन से बंगाल, बिहार, पंजाब और मद्रास में किसान आक्रोश का उबाल आ गया था। सन् 1858-59 में नील की खेती करने वाले किसानों के आन्दोलन ने बंगाल को दहका दिया था।

सन् 1866-67 में बिहार के दरभंगा और चम्पारण क्षेत्र में नील की पैदावर करने वाले कृषकों ने आन्दोलन किये थे। सन् 1883 और 1889-90 में बंगाल के जैसोर में किसानों द्वारा आन्दोलन किया गया था। बंगाल में किसानों के आन्दोलन का सूत्रपात तो सन् 1782 में ही तब हो गया था, जब उत्तर बंगाल के कृषकों ने ईस्ट इंडिया कम्पनी के मालगुज़ार देवीसिंह के विरुद्ध बग़ावत कर दी थी। सन् 1875 में महाराष्ट्र के पूना और

अहमदनगर ज़िलों में किसानों ने अंग्रेज़ी राज के विरुद्ध संघर्ष किया था। उत्तरी केरल में सन् 1836 और 1854 में मप्पिल किसानों ने 22 बार विद्रोह किये थे। 1873 से 80 के मध्य केरल में किसानों के 5 बड़े विद्रोह हुए थे। सन् 1893-94 में आसाम का मैदानी क्षेत्र किसानों के आन्दोलनों का साक्षी बना था।

स्वतन्त्रता संग्राम में क्रान्तिकारी गतिविधियों की सक्रिय भूमिका रही थी। सन् 1897 में पूना के दामोदर और बालकृष्ण चिपलूनकर बन्धुओं ने दो कुख्यात अंग्रेज़ अधिकारियों की हत्या कर दी थी। बंगाल में अरविन्द घोष ने क्रान्तिकारी गतिविधियों का आरम्भ किया था। ढ़ाका की 'अनुशीलन समिति', कलकत्ता के 'युगान्त' और सावरकर बन्धुओं द्वारा महाराष्ट्र में गठित 'अभिनव भारत समाज' जैसी क्रान्तिकारी संस्थाओं द्वारा क्रान्ति का उद्घोष किया गया था। क्रान्तिकारी आन्दोलन ने जनता का ध्यान तब आकर्षित किया था, जब बंगाल में ख़ुदीराम बोस और प्रफुल्ल चाकी ने ज़िला जज की हत्या का प्रयास किया था। अलीपुर बम केस ने बंगाल ही नहीं अपितु पूरे देश में तहलका मचा दिया था। क्रान्तिकारियों ने भारत के बाहर भी अपनी गतिविधियों का प्रसार किया था। मदनलाल धींगड़ा ने लन्दन में अंग्रेज़ अधिकारी कर्जन बिली की हत्या कर दी थी। महाराष्ट्र में नासिक, बम्बई और पूना में बड़ी संख्या में बम बनाये जाने लगे थे। बंगाल में बनाया गया एक बम 23 दिसम्बर 1912 को लार्ड हार्डिंग पर तब फेंका गया था, जब वह दिल्ली में प्रवेश करने वाला था। श्यामजी कृष्ण वर्मा, वी.डी. सावरकर और हरदयाल की सक्रियता लन्दन में बनी रही थी। मादाम भीकाजी कामा और अजित सिंह भी विदेशी धरती पर भारतीयता का शंखनाद करते रहे थे। बर्लिन में रह रहे भारतीयों ने स्वतन्त्रता समिति का निर्माण किया था और बगदाद, इस्ताम्बुल, परर्शिया और काबुल में प्रचारक मण्डल भेजकर भारतीय सेना की टुकड़ियों एवं बुद्धि जीवियों के मध्य विद्रोही चेतना का प्रसार किया था। राजा महेन्द्र प्रताप, मौलाना बरकतउल्लाह और मौलाना उबैदुल्लाह ने काबुल में भारत की अस्थायी सरकार बनायी थी। हरदयाल, तारकनाथ दास और मोहन सिंह ने अमेरिका के पश्चिमी तट पर प्रवासी भारतीयों में क्रान्तिकारी विचारों का प्रचार किया था। 1 नवम्बर, 1913 से साप्ताहिक ग़दर का प्रशासन

आरम्भ हुआ था। क्रान्तिकारियों के संगठन ने 'ग़दर पार्टी' का नाम अपना लिया था। क्रान्तिकारियों की पुलिस से वालासोर में वालान नदी के तट पर मुठभेड़ हुई थी, जिसमें यतीन्द्रनाथ शहीद हो गये थे। सन् 1925 में उ.प्र. में विख्यात काकोरी षड्यन्त्र काण्ड हुआ था, जिसके कारण रामप्रसाद बिस्मिल, रोशनलाल और अशफ़ाक़उल्लाह को फाँसी की सज़ा दी गयी थी। अमर शहीद चन्द्रशेखर आज़ाद ने समाजवादी रिपब्लिक संघ का गठन किया था। 8 अप्रैल, 1929 को शहीद-ए-आज़म भगतसिंह और बटुकेश्वर दत्त ने केन्द्रीय विधान परिषद् में बम विस्फोट किया था।

उन्नीसवीं शताब्दी के उत्तरार्द्ध में समग्र भारत में राष्ट्रीय चेतना का प्रसार आरम्भ हो गया था। राजा राममोहन राय प्रथम भारतीय नेता थे, जिन्होंने राजनीतिक सुधारों के लिए आवाज़ बुलन्द की थी। प्रथम राजनीतिक संस्था 'लैंड होल्डर्स सोसायटी' की स्थापना कलकत्ता में सन् 1833 में हुई थी। सन् 1843 में 'बंगाल ब्रिटिश इंडियन सोसाइटी' और सन् 1851 में 'ब्रिटिश इंडियन एसोसिएशन' की स्थापना की गयी थी। सन् 1852 में 'मद्रास नेटिव एसोसिएशन' और 1853 में 'बम्बई एसोसिएशन' की स्थापना हुई थी। इसके साथ ही देश के विभिन्न नगरों और क़स्बों में अनेक संस्थाओं और क्लबों की शुरूआत हो गयी थी। सन् 1866 में दादा भाई नौरोजी ने लन्दन में 'ईस्ट इंडिया एसोसिएशन' की नींव डाली थी और भारत के बड़े नगरों में उसकी शाखाएँ खोली गयी थीं। सन् 1870 में न्यायमूर्ति रानाडे, गणेश वासुदेव जोशी और एस.एच. चिपलूनकर द्वारा 'पूना सार्वजनिक सभा' का गठन किया गया था। जुलाई 1876 में आनन्द मोहन बोस और सुरेन्द्रनाथ बैनर्जी ने 'इंडियन एसोसिएशन' की स्थापना कलकत्ता में की थी। सन् 1884 में 'मद्रास महाजन सभा' की स्थापना एम.वीर राहृतवाचारी, जी. सुब्रहृयनिया और आनन्द चारलू द्वारा की गयी थी। फ़िरोज़शाह मेहता और के.टी. तेलंग ने 'बम्बई प्रेसिडेंसी एसोसिएशन' की स्थापना की थी। इन सभी संस्थाओं की गतिविधियों से राष्ट्रीय चेतना के प्रसार को गति प्राप्त हुई थी।

28 दिसम्बर 1885 को राष्ट्रीय कांग्रेस की स्थापना हुई थी। कालान्तर में राष्ट्रीय स्तर पर जन-जागरण के साथ स्वतन्त्रता संग्राम तीव्र से तीव्रतर होता गया, जिसका इतिहास लोक-विख्यात है।

लोकमान्य तिलक, महात्मा गाँधी, मोहम्मद अली जिन्ना, सरोजिनी नायडू, जवाहरलाल नेहरू, वल्लभ भाई पटेल, मौलाना आज़ाद जैसे समर्पित राष्ट्रभक्तों के नेतृत्व में समग्र राष्ट्र ने परतन्त्रता से मुक्ति के लिए संघर्ष किया और अन्ततः 15 अगस्त 1947 को स्वतन्त्रता का सूर्योदय हुआ। लगभग दो सौ वर्षों के विद्रोह और संग्राम में अनेक नेताओं ने कम अथवा अधिक प्रसिद्धि प्राप्त की परन्तु अनगिनत ऐसे रणबाँकुरे और आन्दोलनकारी भी थे, जो अल्पज्ञात अथवा अज्ञात ही हैं। स्वतन्त्रता समर के कुछ ऐसे ही भूले-बिसरे सितारों की प्रेरक सत्यकथाओं का संयोजन प्रस्तुत पुस्तक में किया गया है।

प्रस्तुत पुस्तक का प्रथम लेख कुँवर चैन सिंह पर केन्द्रित है, जिन्होंने सन् 1824 में अंग्रेज़ों से संघर्ष किया था। पुस्तक का अन्तिम लेख सन् 1942 के भारत छोड़ो आन्दोलन के सत्याग्रहियों पर केन्द्रित है। इस प्रकार पुस्तक में क़रीब 118 वर्ष की कालावधि की सत्यकथाएँ सम्मिलित हैं। 14 वर्षीय हरिगोपाल बल से धवलकेशी बुज़ुर्ग राजा शंकर शाह तक की वीरगाथाओं का समावेश पुस्तक में हुआ है। इस पुस्तक में ढ़ाका से पेशावर तक और लखनऊ से टिन्नेबैली तक के रणबांकुरों की कहानियाँ हैं।

बचपन से ही मेरे मन में स्वतन्त्रता सेनानियों और क्रान्तिकारियों के प्रति प्रबल आकर्षण रहा है। मेरे पूज्य पिताजी सर्जक, समीक्षक और चिन्तक अशोक 'वक़्त' जी के नाना जी पं. श्रीकृष्ण दुबे ने अपनी युवा अवस्था में रेलवे की नौकरी में रहते हुए गुप्त रूप से क्रान्तिकारियों को सहयोग दिया था। सन् 1989 में पिताजी की छोटी-सी पुस्तक 'क़िस्सा आज़ादी का' प्रकाशित हुई थी, जिसकी 17 हज़ार प्रतियाँ मध्यप्रदेश शासन ने क्रय की थीं। इस पुस्तक के माध्यम से ही मैंने पहली बार स्वतन्त्रता संग्राम के विषय में कालक्रमानुसार जानकारी प्राप्त की थी। तब से ही मैं पिताजी से स्वतन्त्रता सेनानियों की कहानियाँ सुनती आ रही हूँ। मेरी स्वर्गवासी साहित्यकार माँ डॉ. राज़ी 'वक़्त' से भी बचपन में मैंने स्वतन्त्रता सेनानियों की कुछ कथाएँ सुनी थीं। पिताजी लगभग प्रतिदिन ही प्रख्यात कवि पद्मभूषण डॉ. शिवमंगल सिंह सुमन के पास जाते थे। वे अक्सर मुझे भी अपने साथ ले जाते थे। श्रद्धेय सुमन जी का अपने विद्यार्थी जीवन में क्रान्तिकारियों से निकट सम्पर्क रहा था। सुमन जी से भी स्वतन्त्रता

सेनानियों की प्रेरक गाथाएँ सुनने का सौभाग्य मुझे कई बार प्राप्त हुआ था। सन् 1997 मैंने उज्जैन नगर के स्वतन्त्रता सेनानियों पर केन्द्रित एक शृंखला 'स्मरण' शीर्षक से लिखी थी, जिसका क़रीब एक वर्ष तक दैनिक भास्कर में प्रतिदिन प्रकाशन हुआ था। अपने जोशी आई.ए.एस. संस्थान की कक्षाओं में अध्यापन के लिए स्वतन्त्रता संग्राम का अध्ययन सतत चल रहा है। इस पृष्ठभूमि से मुझे प्रस्तुत पुस्तक के लेखन में बहुत सहायता मिली। पुस्तक को लिखने के लिए मैंने शोध-अनुसन्धान किया, उसमें पिताजी का सहयोग और मार्गदर्शन मुझे हमेशा की तरह मिलता रहा।

वाणी प्रकाशन समूह के अध्यक्ष और प्रबन्ध निदेशक आदरणीय अरुण माहेश्वरी जी की मैं आभारी हूँ, जिनके स्नेह-निर्देश पर ही प्रस्तुत पुस्तक का लेखन सम्भव हो सका है। अपने जीवनसाथी नितिन जोशी, बेटी मैत्री, बेटे दार्शनिक और सुहानी के प्रति मन में कृतज्ञता का भाव है। प्रिय काजल ठक्कर ने जिस तत्परता से पुस्तक की पाण्डुलिपि तैयार करने में सहयोग किया है, उसके प्रति भी मैं आभारी हूँ। स्वतन्त्रता के अमृतोत्सव वर्ष में प्रस्तुत पुस्तक, स्वतन्त्रता सेनानियों के पुण्य स्मरण में मेरी विनम्र श्रद्धांजलि है।

–पांखुरी वक़्त जोशी

अनुक्रम

मालवा अंचल के प्रथम बहादुर बलिदानी : कुँवर चैन सिंह

कुँवर चैन सिंह को मध्यप्रदेश के मालवा अंचल के प्रथम बहादुर बलिदानी होने का गौरव प्राप्त है। वे इतने शक्तिवान थे कि उन्होंने अपनी तलवार के एक ही प्रबल आघात से अंग्रेज़ों की पंचधातु से बनी तोप को चीर दिया था। उनकी वीरगाथा आज भी हरबोलों द्वारा गायी जाती है—

चैन सिंह राजा की कथा क्या बढ़ाई,
फ़िरंगियों को भुला दी रे लड़ाई।

भोपाल के निकट स्थित नरसिंहगढ़ स्वतन्त्रता प्राप्ति के पूर्व एक स्वतन्त्र राज्य था। नरसिंहगढ़ की प्रसिद्धि अपनी मनोरम प्राकृतिक सुषमा के कारण थी। नरसिंहगढ़ को 'मालवा का काश्मीर' कहा जाता था। नरसिंहगढ़ के राजा थे- सौभाग्य सिंह। सौभाग्य सिंह के कुल दीपक कुँवर चैन सिंह युवराज थे। चैन सिंह बचपन से अत्यन्त स्वाभिमानी थे। उनकी आँखों में भारत माता को अंग्रेज़ों की दासता से मुक्त कराने का स्वप्न तैरता रहता था।

सन् 1818 में कैप्टन स्टेवर्ड और भोपाल के नवाब नज़रूरद्दौला नज़र ख़ान के मध्य एक अनुबन्ध हुआ था। इस समझौते के अनुसार अंग्रेज़ों ने सीहोर में अपनी छावनी बना ली थी। मैडाक को प्रथम राजनीतिक प्रतिनिधि के रूप में सीहोर में नियुक्त किया गया था। सीहोर छावनी में एक हज़ार सैनिक थे, जिनका वेतन भोपाल राज्य के कोषालय से दिया जाता था। अंग्रेज़ों ने भोपाल के साथ ही नरसिंहगढ़, खिलचीपुर और राजगढ़ रियासतों के राजनीतिक अधिकार भी मैडाक को दे दिये थे।

अंग्रेज़ों ने अपनी साम्राज्यवादी लिप्सा के अनुरूप नरसिंहगढ़ रियासत के दीवान आनन्दराम बख़्शी को लालच देकर अपनी ओर मिला लिया था। दीवान अपने राज्य की गुप्त जानकारियाँ अंग्रेज़ों को देता रहता था। जब कुँवर चैन सिंह को दीवान की ग़द्दारी के बारे में पता चला तब उन्होंने अपने पिता के विरोध को अनदेखा करते हुए दीवान की हत्या कर दी। नरसिंहगढ़ का एक और मन्त्री रूपराम बोहरा भी देशद्रोही बन गया था। इन्दौर के होल्कर राजा ने अंग्रेज़ों के विरुद्ध संगठित होने के लिए मध्य भारत के सभी देशी रजवाड़ों की एक गुप्त सभा की थी, जिसमें कुँवर चैन सिंह भी सम्मिलित हुए थे। मन्त्री रूपराम बोहरा ने यह जानकारी मैडाक को दे दी थी। यह पता चलने पर चैन सिंह ने ग़द्दार रूपराम को भी मौत के घाट उतार दिया था। रूपराम के भाई ने चैन सिंह के विरुद्ध कलकत्ता में अंग्रेज़ गवर्नर जनरल को और सीहोर में मैडाक को शिकायत की थी। गवर्नर जनरल ने मैडाक से इस बारे में जवाब तलब किया।

मैडाक ने चैन सिंह को अपने सामने उपस्थित होने का सन्देश भेजा परन्तु चैन सिंह सीहोर नहीं गये। मैडाक ने बैरासिया में शिविर लगाकर चैन सिंह को वहाँ बुलाया। चैन सिंह अपने दल-बल सहित बैरसिया गये और मैडाक से मिले। मैडाक ने चैन सिंह के सामने तीन शर्तें रखी। पहली शर्त यह थी कि चैन सिंह हमेशा के लिए नरसिंहगढ़ छोड़कर काशी चले जायें। दूसरी शर्त यह थी कि दो-तीन वर्षों तक नरसिंहगढ़ राज्य अंग्रेज़ों के अधीन रहे। तीसरी शर्त थी कि नरसिंहगढ़ क्षेत्र में होने वाली अफ़ीम की फ़सल की ख़रीद केवल अंग्रेज़ ही करेंगे। मैडाक ने कहा कि यदि शर्तें नहीं मानी गयीं तो चैन सिंह के विरुद्ध दीवान और मन्त्री की हत्या का मुक़दमा चलाया जायेगा।

चैन सिंह ने मैडाक की शर्तें ठुकरा दी। मैडाक ने चैन सिंह को पुनः सीहोर बुलवाया।

कुँवर चैन सिंह अपने 43 विश्वस्त साथियों के साथ 24 जून 1824 को सीहोर गये। मैडाक ने चैन सिंह की तलवार की प्रशंसा की और देखने के लिए तलवार माँगी। चैन सिंह ने तलवार दे दी, तब मैडाक ने दूसरी तलवार भी माँगी। चैन सिंह निहत्था कर अपनी गिरफ़्तारी अथवा हत्या के इरादे को भाँप चुके थे। उन्होंने दूसरी तलवार देने से यह कह कर इनकार

कर दिया कि राजपूत की कमर कभी शस्त्र से ख़ाली नहीं रहती है। इस बात पर तकरार बढ़ने पर मैहडाक ने अपने सैनिकों को चैन सिंह को बन्दी बनाने का आदेश दे दिया। बन्दी बनाया जाता, इसके पहले ही चैन सिंह ने वीरतापूर्वक मैडाक पर तीव्रता से आक्रमण कर दिया। मैडाक घबरा गया और जान बचाकर भाग खड़ा हुआ। चैन सिंह ने मैडाक का पीछा किया। सीहोर के वर्तमान तहसील चौराहे पर चैन सिंह के साथियों और अंग्रेज़ों के मध्य भीषण संग्राम हुआ। चैन सिंह के साथ थोड़े ही सैनिक थे और उनके समक्ष अंग्रेज़ों की विशाल सेना थी। देशप्रेमियों ने वीरतापूर्वक मुक़ाबला किया परन्तु कुछ ही समय में चैन सिंह के सभी साथी शहीद हो गये। चैन सिंह और उनके दो बहादुर अंगरक्षक हिम्मत ख़ाँ और बहादुर ख़ाँ ने अंग्रेज़ों के दाँत खट्टे कर दिये। सीहोर के दशहरा मैदान में लड़ते हुए चैन सिंह ने अपनी तलवार के वार से अंग्रेज़ों की अष्टधातु की तोप को चीर दिया परन्तु तलवार तोप में फँस गयी। इस अवसर का लाभ उठाकर अंग्रेज़ तोपची ने चैन सिंह की गर्दन काट डाली। गर्दन के धड़ से अलग हो जाने पर भी कुछ समय तक चैन सिंह अपने दोनों हाथों से तलवार चलाते रहे। उनके दोनों अंगरक्षक भी वीरगति को प्राप्त हुए। अंग्रेज़ों ने चैन सिंह के वफ़ादार पालतू श्वान शेरू को भी मार डाला। कुँवर चैन सिंह का वफ़ादार घोड़ा उनके शव को लेकर नरसिंहगढ़ पहुँचा।

सीहोर में दशहरा बाग़ मैदान में कुँवर चैन सिंह की रानी ने अपने पति की स्मृति में छतरी बनवाई। छतरी के पास ही उनके दोनों अंगरक्षकों की क़ब्रें भी हैं। रानी ने कुँवर चैन सिंह के बलिदान की पावन स्मृति में परशुराम सरोवर के पास एक मन्दिर भी बनवाया था, जिसे 'कुँवरानी का मन्दिर' कहा जाता है।

कुँवर चैन सिंह सीहोर और निकटवर्ती गाँवों में पूजे जाते हैं। सीहोर में उनकी समाधि पर और आसपास के कई गाँवों में उनकी पुण्यस्मृति में निर्मित चौरों पर देशभक्त मन्नतें माँगते हैं और अपने श्रद्धासुमन अर्पित करते हैं। मालवा के बलिदानी सपूत की यशोगाथा लोक-गीतों में गुंजायमान है। विशेषतः यह लोक-गीत आज भी प्रचलित है—

राजा सोवलसिंग का चेनसिंह मुलक में राज करयो
कचोरिया बेठन्ता जीसाब बरजा, नी हो कुँवर तमारी लडवा की वेस

भैस्या दुवारता भाई बोल्या, नी हो दादाजी तमारी लड़वा की वेस
पालणा पै बेठन्ता माजी बाई बोल्या, नी रे बेटात्यारी लड़वा की वेस
सेज्या संवारता गोरी हो बोल्या, नी ओ आलोजा थांकी लड़वा की वेस
हिदर ख़ाँ बिदर ख़ाँ यूँ कर गोल्या, एकला सो पड़ ग्यो है काम
भाई भतीजा धरे रे रथा चेनसिंह एकला से पड़ ग्यो है काम
सीस कटायो ने घाट बंधायों, मुख पै उड़े रे गुलाल
सीवर में डेरा डाल्या, ते धड़ से करयो है जुवाब।

अर्थात, "राजा सोबल सिंह (सौभाग्य सिंह) के सुपुत्र चैन सिंह ने अपने मुल्क में राज किया। कचहरी में बैठे हुए महाराज साहब ने मना किया कि राजकुमार अभी तुम्हारी उम्र लड़ने की नहीं है। भैंसों को दुहाते हुए भाई ने कहा कि दादा भाई आपकी यह उम्र अभी युद्ध करने की नहीं है। पालने में बैठी हुई राजमाता बोलीं कि बेटा, तुम्हारी यह उम्र संग्राम में जूझने की नहीं है। निवास में सेज सँवारती गौरी ने कहा कि आलीजा (प्रियतम), आपकी यह उम्र समर में जाने की नहीं है। हिदर ख़ाँ और बिदर ख़ाँ (हिम्मत ख़ाँ और बहादुर ख़ाँ) बोले कि देखो इस युद्ध में कुँवर चैन सिंह अकेले पड़ गये हैं। सभी भाई- भतीजे घर में रह गये हैं और लड़ाई के मैदान में चैन सिंह अकेले कूद पड़े हैं। अपनी आज़ादी के लिए शूरवीरों ने हँसते-हँसते अपने शीश कटा दिये। इनके मुखमण्डल आत्मोसर्ग की आभा (गुलाल) से मण्डित हैं। सीहोर की छावनी में इन वीरों ने जैसे डेरा जमा लिया है। शीश कट जाने पर भी मुण्डविहीन धड़ से कुँवर चैन सिंह फ़िरंगी फ़ौज का मुँहतोड़ जवाब देते रहे।"

आदिवासी विद्रोह के अमर नायक : बुधु भगत

झारखण्ड के छोटा नागपुर आदिवासी अंचल में विद्रोह के बीजवपन करने वाले अमर नायक थे, बुधु भगत। झारखण्ड में ब्रिटिश हुकूमत के विरुद्ध विद्रोह का सूत्रपात करने का श्रेय आदिवासी क्रान्तिकारियों को ही प्राप्त है। अंग्रेज़ों को दहला देने वाले झारखण्ड के आदिवासी रणबांकुरों में बिरसा मुण्डा, सिदोकान्हू, तिलक माँझी, तेलंग खड़िया, नीलाम्बर-पीताम्बर के नामों ने तो अवश्य कुछ प्रसिद्धि प्राप्त की परन्तु बुधु भगत का नाम विस्मृत के तिमिर में खो गया। बुधु भगत का जन्म राँची ज़िले के चान्हो प्रखण्ड में कोयल नदी के किनारे शिलगई गाँव में 17 फ़रवरी, 1792 को उराँव आदिवासी किसान परिवार में हुआ था। छोटा नागपुर के आदिवासी अंग्रेज़ अधिकारियों, ज़मींदारों और साहूकारों के शोषण और अत्याचारों से बहुत त्रस्त रहते थे। यह सब देखते हुए बुधु भगत के मन में बचपन से ही विद्रोह की अग्नि सुलगने लगी थी। वे कोयल नदी के तट पर घण्टों एकाकी बैठकर अंग्रेज़ों और ज़मींदारों का प्रतिकार करने के बारे में सोचते रहते थे।

बुधु भगत ने तलवारबाज़ी और धनुर्विद्या का अभ्यास कर निपुणता प्राप्त कर ली थी। उन्होंने विद्रोह करने के लिए आदिवासियों का आवाहन किया। आदिवासी उन्हें 'देवदूत' समझने लगे थे। आदिवासियों के मन में यह विश्वास घर कर गया था कि बुधु भगत को दैवीय शक्ति प्राप्त है। बुधु हमेशा अपने साथ एक कुल्हाड़ी रखते थे। प्रखर तेजस्वी बुधु की बुद्धिमानी से भरी बातें सुनकर आदिवासी उन्हें अपने उद्धारक के रूप में

देखने लगे थे। बुधु ने आदिवासियों को गुरिल्ला युद्ध का प्रशिक्षण दिया। हज़ारों आदिवासी बुधु के नेतृत्व में धनुष-बाण, तलवार और कुल्हाड़ी लेकर अन्याय और दमन का प्रतिकार करने के लिए उद्यत हो गये। मुण्डा और उराँव आदिवासियों में पहले से पनप रहे विद्रोही तेवरों ने और उग्र रूप धारण कर लिया।

सन् 1831 में बुधु भगत ने सिंहभूम क्षेत्र में कोल विद्रोह आरम्भ किया। इस विद्रोह की लपटें सिंहभूम तक ही सीमित नहीं रही अपितु राँची, हज़ारी बाग़ और पलामू तक बग़ावत के शोले भड़कने लगे। सन् 1832 में बुधु भगत ने लरका विद्रोह का सूत्रपात किया। उन्होंने अंग्रेज़ों से लोहा लेते हुए उनके द्वारा बन्दी बनाये गये सैकड़ों ग्रामीणों को मुक्त करा लिया।

सन् 1832 में बुधु भगत के क्रान्तिकारी नेतृत्व में 'लरका विद्रोह' की अग्नि प्रज्वालित हो गयी। सोनपुर, तमाड़ और छोटा नागपुर में क्रान्तिकारियों की गर्जनाओं से अंग्रेज़ आतंकित हो गये। अंग्रेज़ों के विरुद्ध संघर्ष में बुधु भगत के तीन बहादुर बेटों हलधर, गिरधर और उदयकरण ने भी जान की बाज़ी लगा दी। यही नहीं बल्कि बुधु की वीरांगना बेटियाँ रूनियाँ और झानियाँ भी रणचण्डी बनकर जूझने लगीं। बुधु ने चोगारी पहाड़ की चोटी पर अपना सैनिक अड्डा बनाया था, जहाँ अंग्रेज़ों के विरुद्ध युद्ध की रणनीति बनायी जाती थी। बुधु के आक्रमणों से अंग्रेज़ों में दहशत भर गयी। विद्रोह का दमन करने के लिए ब्रिटिश हुकूमत ने अपनी सेना पूरे पहाड़ पर फैला रखी थी। अंग्रेज़ अच्छी तरह जान गये थे कि बुधु भगत की मृत्यु अथवा गिरफ़्तारी के बगैर विद्रोह का दमन सम्भव नहीं है। बुधु को पकड़ने के लिए अंग्रेज़ों द्वारा उस जमाने में एक हज़ार रु. का इनाम घोषित कर दिया था परन्तु इनाम के लालच में कोई भी व्यक्ति बुधु को पकड़वाने में सहायक नहीं बना। बुधु अंग्रेज़ों को लगातार छकाते रहे। वे आक्रमण कर पहाड़ या जंगल में जा छिपते थे।

बुधु के नेतृत्व में हज़ारों विद्रोहियों के संघर्ष ने अंग्रेज़ों और ज़मींदारों की नींद उड़ा दी थी। बुधु को बन्दी बनाने का दायित्व कैप्टन इम्पे को दिया गया। इम्पे ने बनारस की पचासवीं अंग्रेज़ी सेना की छः कम्पनियाँ और घुड़सवार सैनिकों का बड़ा दल जंगल में भेजा। टिकू और निकटवर्ती गाँवों के हज़ारों ग्रामीणों को बन्दी बना लिया गया पर बुधु ने वीरतापूर्वक

उन सबको मुक्त करा लिया। अपनी करारी हार से अंग्रेज़ कप्तान बौखला गये।

13 फ़रवरी, 1832 को बुधु भगत अपने सहयोगियों के साथ सिलगाई गाँव में थे। इसकी सूचना मिलते ही अंग्रेज़ी सेना ने पूरे गाँव को घेर लिया और गोलियों की बौछार शुरू कर दी। निर्दोष ग्रामीणों की प्राण-रक्षा के लिए बुधु भगत आत्मसमर्पण के लिए तत्पर हो गये परन्तु ग्रामीणों ने उन्हें ऐसा नहीं करने दिया। गाँव वालों ने बुधु के आसपास वृत्ताकार घेरा बना लिया। अंग्रेज़ों की गोलीबारी से लगभग 300 ग्रामीण मारे गये। बुधु, उनके तीनों पुत्र और दोनों पुत्रियाँ भी शहीद हो गयीं। इतिहास तो पराक्रमी बुधु भगत के आत्मोत्सर्ग के बारे में मौन है परन्तु उनकी बहादुरी और आत्मोत्सर्ग की गाथा झारखण्ड और छोटा नागपुर के आदिवासी गीतों में आज भी मुखरित होती रहती है।

बुन्देली आन-बान के प्रतीक पुरुष : मधुकर शाह

मधुकर शाह बुन्देली आन-बान के प्रतीक पुरुष थे। उन्होंने सन् 1842 से 1844 के बीच कई बार अंग्रेज़ों के छक्के छुड़ा दिये थे। वे सागर राज्य की जागीर नारहट जोसागर के जागीरदार थे। अंग्रेज़ों ने बुन्देलखण्ड के जागीरदारों और मालगुज़ारों की कमर तोड़ने के लिए ज़मीन पर करों की दर बीस गुना तक बढ़ा दी थी और कर जमा न करने पर चल-अचल सम्पत्ति कुर्क करने का आदेश जारी कर दिया था। मधुकर शाह ने अंग्रेज़ों के इस निर्णय का तीव्र विरोध किया और बढ़ी हुई दरों पर टैक्स भी जमा नहीं कराया। सागर की दीवानी अदालत ने सन् 1842 में मधुकर शाह पर डिक्री कर दी और सरकारी एजेन्ट पलटन के साथ कुर्की करने जा पहुँचा।

फागुन के रंगीले वातावरण में एक रात मधुकर शाह अपने दरबार में बुन्देलखण्ड का प्रसिद्ध लोक-नृत्य राई देख रहे थे। अनायास अंग्रेज़ सैनिक दरबार में घुस आये और कोई कुछ समझ पाये इसके पहले ही नृत्य करने वाली बेड़नी का अपहरण कर ले गये। मधुकर शाह ने अंग्रेज़ों को चेतावनी भिजवायी कि बेड़नी को तुरन्त वापस भिजवा दिया जाये। वह केवल नाचने वाली ही नहीं है बल्कि हमारे दरबार की इज़्ज़त है। अगर उसकी वापसी नहीं हुई तो ख़ून-ख़राबे की ज़िम्मेदारी अंग्रेज़ों की ही होगी। अपनी सत्ता में मदमाते अंग्रेज़ों ने जवाब भेजा—"बेड़नी अब सिर्फ़ हमारे सामने ही नाचेगी। मधुकर शाह को अगर राई देखने का इतना ही शौक़ है तो अपनी रानियों को क्यों नहीं नचवाते।" इस जवाब से मधुकर शाह

आग बबूला हो गये। फिर तो एक भी कुर्कीकर्ता सिपाही सुरक्षित सागर नहीं लौट सका। जौसागर के पास की जागीर चन्द्रपुर के जागीरदार मधुकर शाह के भाई जवाहर सिंह ने भी अंग्रेज़ों को टैक्स नहीं दिया और अपनी जागीर में मौजूद अंग्रेज़ों को मार भगाया। मधुकर शाह और जवाहर सिंह के बाग़ी तेवरों के साथ ही प्रथम बुन्देला विद्रोह का बिगुल बज गया।

समग्र बुन्देलखण्ड में लोधी, ठाकुर, अहीर, गौड़ सरदार संगठित होने लगे। मधुकर शाह ने अपने थोड़े-से सैनिकों के साथ निकटवर्ती मालथौन पर अधिकार कर लिया। उन्होंने अनेक अंग्रेज़ सिपाहियों को मौत के घाट उतार दिया और अंग्रेज़ों के ख़ज़ाने लूट लिए। खिमलासा के दुर्ग को जीत लिया। फिर खुरई के दुर्ग पर भी आधिपत्य कर लिया। इस प्रकार मधुकर शाह बहुत शक्ति समृद्ध हो गये और बुन्देलखण्ड में बग़ावती ताकतों का नेतृत्व करने लगे।

मधुकर शाह से प्रेरणा प्राप्त कर डेलन शाह ने नरसिंहपुर में विद्रोह कर दिया और नर्मदा नदी को पारकर चावरपाठा पर अधिकार कर लिया। निकटवर्ती सुआतला के राजा रणजीत सिंह ने डेलन शाह के साथ मिलकर सागर के पास देवरी के किले पर अपना ध्वज फहरा दिया। नरियावली और बिनैका को भी विद्रोहियों ने अपने अधिकार में ले लिया। वीर छत्रसाल के वंशज हीरापुर के राजा हृदय शाह ने तेजगढ़ का किला जीतने के बाद जबलपुर अंचल से अंग्रेज़ों का सफाया कर दिया।

मधुकर शाह ने धमौनी के सुदृढ़ किले को जीत लिया, ख़ज़ाना लूट लिया और अंग्रेज़ सैनिकों का संहार करते हुए, ईशुरवारा सागर की ओर प्रयाण किया। अब धसान, देहार और नर्मदा नदी के किनारों पर बुन्देला विद्रोह की लपटें लहरा रही थीं। सिर्फ़ सागर शहर में ही अंग्रेज़ों की छावनी शेष रह गयी थी। सागर का अंग्रेज़ डिप्टी कमिश्नर अपनी सेना को संगठित कर मधुकर शाह से टक्कर लेने के लिए निकल पड़ा। नीलकण्ठ की टोरियों पर दोनों सेनाओं के बीच भीषण भिड़न्त हुई। बुन्देली सेना को हार का सामना करना पड़ा और मधुकर शाह ने बानपुर रियासत में आश्रय लिया।

24 जनवरी 1844 को मधुकर शाह कैलगवाँ में अपने विश्वसनीय साथियों के साथ विश्राम कर रहे थे, तब ललितपुर के डिप्टी कमिश्नर

हैमिल्टन ने अचानक उन पर आक्रमण कर उन्हें बन्दी बना लिया। मधुकर शाह को अंग्रेज़ों द्वारा फाँसी दे दी गयी और उनके विश्वस्त सहयोगी ठाकुर गणेश जू को कालेपानी की सज़ा दी गयी। इस प्रकार लगभग दो वर्ष तक अंग्रेज़ों की नींद उड़ा देने वाले प्रथम बुन्देली विद्रोह पर विराम लग गया। सागर में कारावास के निकट मधुकर शाह की समाधि पर आज भी देशभक्त श्रद्धाजंलि अर्पित करते हैं।

अंग्रेज़ों का मान-मर्दन करने वाले बुन्देला बहादुर : राजा मर्दन सिंह

अंग्रेज़ों का मान-मर्दन करने वाले बुन्देला वीर राजा मर्दन सिंह चन्देरी नरेश कुँवर मोद प्रहलाद के ज्येष्ठ पुत्र थे। मोद प्रहलाद ने सन् 1802 में चन्देरी की राजगद्दी सँभाली थी। उनके अति विलासी होने के कारण चन्देरी राज्य की हालत जर्जर हो रही थी। इस अवसर का लाभ उठाकर अंग्रेज़ों के मित्र ग्वालियर नरेश ने ब्रिटिश सेना नायक जॉन वैप्टिस को चन्देरी पर आक्रमण के लिए उकसाया। वैप्टिस तालबेहट मार्ग के छोटे-छोटे स्थानों को जीतकर ललितपुर की ओर आगे बढ़ा तब मोद प्रहलाद पलायन कर वनवासी हो गये। इस प्रकार चन्देरी राज्य पर ग्वालियर नरेश का क़ब्ज़ा हो गया। राजा मोद प्रहलाद को केवल दो गाँव वार और कैलगाँव दे दिये गये।

मोद प्रहलाद के बड़े बेटे मर्दन सिंह के मन में आरम्भ से ही अंग्रेज़ों के प्रति आक्रोश समाया हुआ था। मर्दन सिंह वीर, पराक्रमी और कुशल राजनीतिज्ञ थे। उन्होंने अंग्रेज़ों से प्रत्यक्ष युद्ध नहीं करते हुए उनके क्षेत्र में भीषण उपद्रव कराये। बौखलाये अंग्रेज़ उनसे संधि-वार्ता के लिए विवश हो गये। अंग्रेज़ों ने सन् 1830 में बानपुर को राजधानी घोषित कर दिया। मोद प्रहलाद की मृत्यु हो जाने पर मर्दन सिंह सन् 1842 में बानपुर के राजा बने। तब बुन्देलखण्ड के इस छोटे-से राज्य की दशा अत्यन्त विषम थी। अपने दोनों छोटे भाइयों की विरोधी गतिविधियों, पड़ोसी ओरछा राज्य से तनावपूर्ण सम्बन्ध, राज्य में डाकुओं के आतंक, अंग्रेज़ों की साम्राज्यवादी

लिप्सा और ग्वालियर नरेश की लोलुप दृष्टि जैसी अनेक समस्याओं से राजा मर्दन सिंह घिरे हुए थे। उन्होंने राजनीतिक कौशल का सहारा लिया। बुन्देलखण्ड में डाकुओं के आतंक से अंग्रेज़ भी बहुत त्रस्त थे। राजा मर्दन सिंह ने सर्वप्रथम अपने राज्य में दस्युओं का दमन कर अंग्रेज़ों का विश्वास जीत लिया। राजा मर्दन सिंह की कुशल राज्य व्यवस्था से प्रभावित होकर अंग्रेज़ों ने चन्देरी का क्षेत्र भी सुव्यवस्था बनाने के लिए मर्दन सिंह को सौंप दिया। सन् 1846 में विवादग्रस्त मसोरा गाँव भी मर्दन सिंह को दे दिया गया।

सन् 1853 में झाँसी के राजा गंगाधर राव का निधन हो गया और अंग्रेज़ों ने झाँसी राज्य को हड़प लिया तो मर्दन सिंह ने अंग्रेज़ों का विरोध किया और झाँसी की रानी लक्ष्मीबाई के साथ अंग्रेज़ों के विरुद्ध सैन्य तैयारी आरम्भ कर दी। सन् 1857 का स्वतन्त्रता समर शुरू होने पर मर्दन सिंह ने अपने चातुर्य से ललितपुर राज्य की बाग़डोर अपने हाथों में ले ली और शरणार्थी अंग्रेज़ों को विश्वास में लेकर फ़िरंगी सेना में विद्रोह भड़काने का काम करते रहे।

9 जुलाई, 1857 को राजा मर्दन सिंह ने खुरई पर आक्रमण कर दिया। इसकी सूचना मिलते ही जबलपुर के अंग्रेज़ कमिश्नर ने मर्दन सिंह से चन्देरी और ललितपुर का शासन-प्रबन्ध वापस ले लिया। मर्दन सिंह ने चन्देरी में मौजूद अंग्रेज़ों को बन्दी बनाकर चन्देरी को स्वतन्त्र राज्य घोषित कर दिया। जुलाई 1857 में मर्दन सिंह ने सागर पर आक्रमण किया पर उन्हें वांछित सफलता नहीं मिल सकी। 17 सितम्बर, 1857 को मर्दन सिंह ने सागर पर दुबारा आक्रमण किया। उनकी कर्नल डेलेन की 42 वीं सेना से भीषण टक्कर हुई। नरियावली में अंग्रेज़ों से घमासान युद्ध हुआ। फ़िरंगी सेना पराभूत हुई और कर्नल डेलेन मारा गया। दमोह में अंग्रेज़ों की 52 नम्बर सेना में विद्रोह हो गया। मर्दन सिंह ने भापेल पर आक्रमण कर अंग्रेज़ों को मार भगाया।

लड़ाई सरकार के मुख़्तार नत्थे ख़ाँ और मर्दन सिंह के विश्वासपात्र कामदार बृजलाल बख़्शी ने ग़द्दारी की। वे दोनों भागकर इन्दौर चले गये और ह्यूरोज को मर्दन सिंह और झाँसी की रानी लक्ष्मीबाई के बारे में अनेक गुप्त सूचनाएँ दे दीं। ह्यूरोज विशाल सेना लेकर बुन्देलखण्ड आ पहुँचा

और 24 जनवरी 1858 को राहतगढ़ पर आक्रमण कर दिया। राहतगढ़ दुर्ग में घिरे विद्रोही जब पराजित होने लगे तब मर्दन सिंह ने अंग्रेज़ी सेना पर पीछे से आक्रमण कर दिया। इस आक्रमण से ह्यूरोज भोंचका रह गया और विद्रोही राहतगढ़ किले से भाग निकलने में सफल हो गये। 30 जनवरी, 1858 को बरोदिया में एक बार फिर ह्यूरोज और मर्दन सिंह की सेनाओं की भिड़न्त हुई। अंग्रेज़ों को विजयी होता देखकर मर्दन सिंह जंगल में पलायन कर गये। ह्यूरोज ने बानपुर के दुर्ग को ध्वस्त कर दिया और बानपुर को अपने अधिकार में ले लिया।

झाँसी की रानी की सहायता करते हुए मर्दन सिंह ने 1 अप्रैल, 1858 को ह्यूरोज की सेना पर फिर आक्रमण किया। एक बार पीछे हटकर उन्होंने उरई में दुबारा ब्रितानी सेना से भीषण संघर्ष किया। रानी लक्ष्मीबाई ने भी अपने घुड़सवारों के साथ अंग्रेज़ों पर आक्रमण कर दिया। विद्रोहियों की विजय होने ही वाली थी परन्तु तभी ह्यूरोज की सेना ने ज़ोरदार आक्रमण कर दिया। रानी की सेना तो कालपी की ओर आगे बढ़ गयी पर मर्दन घिर गये, वे अपने युद्ध कौशल से 22 मई, 1958 को बच निकलने में सफल रहे। 28 सितम्बर, 1858 को मर्दन सिंह जब अपने साथी बख़त बली शाह के साथ ग्वालियर जा रहे थे तब मुरार में अंग्रेज़ों ने उन्हें बन्दी बना लिया। उन्होंने लाहौर की जेल में नज़रबन्द रखा गया। मर्दन सिंह से अंग्रेज़ इतने आतंकित थे कि उन्हें अन्तिम क्षणों तक अपनी मातृभूमि बुन्देलखण्ड के दर्शन तक से वंचित रखा। लगभग 15 वर्ष बाद उन्हें मथुरा जाने की अनुमति दी गयी। मथुरा-वृन्दावन में साढ़े पाँच वर्ष ईश अराधना में व्यतीत करने के बाद 22 जुलाई, 1879 को बुन्देलखण्ड के शौर्य पुरुष राजा मर्दन सिंह ने अपने प्राण त्याग दिये थे। इतिहास ने उन्हें भले ही विस्तृत कर दिया हो परन्तु बुन्देलखण्ड के लोक-जीवन में उनकी स्मृति आज भी प्रेरणा का स्रोत बनी हुई है।

लोक-गीतों में जीवन्त है उनकी शौर्य-गाथा : राजा पारीक्षत

सन् 1857 के प्रथम स्वतन्त्रता संग्राम से पहले ही बार-बार अंग्रेज़ों के दाँत खट्टे करने वाले जैतपुर, बुन्देलखण्ड के राजा पारीक्षत की वीर-गाथा आज भी बुन्देली लोकगीतों में गायी और सुनी जाती है। पारीक्षत इतिहास प्रसिद्ध पराक्रमी राजा छत्रसाल की वंश-परम्परा के अन्तिम नरेश थे। वे राजा केशरी सिंह के कुल-दीपक थे। उनका जन्म सन् 1808 में हुआ था। 24 वर्ष की आयु में उन्होंने सन् 1832 में जैतपुर का राज सँभाला था। सन् 1836 में बुन्देलखण्ड के सभी रियासत प्रमुखों ने बनारस में एक बैठक कर पारीक्षत के नेतृत्व में एकजुट होकर अंग्रेज़ों के विरुद्ध लड़ने का निर्णय लिया था। अंग्रेज़ों ने प्रतिरोध करने के लिए जैतपुर के पास कैंथा को अपनी एजेंसी बनाया था, जिसका प्रमुख लांगमेन था।

सन् 1839 में अंग्रेज़ अफ़सर स्लीमेन ने पारीक्षत को धमकाने के लिए पनवाड़ी गाँव पर हमला कर दिया। पारीक्षत ने जवाबी हमले में अंग्रेज़ी सेना को खदेड़ दिया। स्लीमेन ने सहायता के लिए बड़ी सेना बुलवायी और जैतपुर को दो दिशाओं से घेर लिया। एक टुकड़ी ने जैतपुर के पूर्व में नौगाँव (वर्तमान में ज़िला छतरपुर) से और दूसरी टुकड़ी ने कैंथा की ओर से आक्रमण किया। अंग्रेज़ों का सामना करने के लिए राजा पारीक्षत ने आसपास के राजाओं को सहायता के लिए बुलाया और अंग्रेज़ों ने भय और प्रलोभन से उनमें फूट डाल दी। चरखारी का राजा रतन सिंह तो विश्वासघात के लिए उद्यत हो गया। पारीक्षत स्वयं रतन सिंह से बात करने चरखारी गये तो रतन सिंह ने उन्हें अपने षड्यन्त्र में फाँस लिया।

पारीक्षत बड़ी मुश्किल से वहाँ से बचकर आ सके थे। इस बीच जैतपुर का राजकाज पारीक्षत की बहादुर रानी राजो सँभाल रही थीं। अंग्रेज़ों ने अवसर का लाभ उठाकर जैतपुर पर आक्रमण कर दिया। अंग्रेज़ रानी को बन्दी बनाना चाहते थे पर वे सेना के साथ जैतपुर से निकलने में सफल हो गयीं। रानी राजो के पिता बहादुर सिंह को सूचना मिली तो वे सेना सहित बुकराखेरा गाँव तक आ गये। रानी का पीछा कर रही अंग्रेज़ी सेना पर पिता-पुत्री ने आक्रमण कर दिया। अंग्रेज़ी सेना पराभूत हो कर पलायन कर गयी।

खिसियाए हुए अंग्रेज़ों ने कुछ समय पश्चात ही विशाल सेना सहित झोमर पर आक्रमण कर दिया। बहादुर सिंह बहादुरी से प्रतिरोध करते हुए अन्तिम समय तक लड़ते रहे और वीरगति प्राप्त की। राजा पारीक्षत लुटे-पिटे जैतपुर में पहुँचे। उनके आने से सैनिकों में फिर जोश भर गया और वे अंग्रेज़ों से भिड़ गये। कुछ समय में और अंग्रेज़ी सेना आ पहुँची। पारीक्षत पुनः सैन्य-संगठन कर लड़ने के लिए जैतपुर से निकल पड़े। तब तक रानी राजो कुछ सैनिकों के साथ अंग्रेज़ों से ज्योराहाबारी गढ़ में लोहा ले रहीं थीं। पारीक्षत भी उनसे जा मिले। रानी और राजा गुरिल्ला युद्ध में अंग्रेज़ों को छकाते हुए मझगुला बायीठा पहुँचकर सैन्य-संगठन करने लगे।

अंग्रेज़ों द्वारा धमकाये जाने या लालच देने के कारण जैतपुर के निकटवर्ती राजाओं ने पारीक्षत से दूरी बना ली थी। सन् 1808 में पन्ना के राजा गुपाल सिंह को अंग्रेज़ गरोंली गाँव उपहारस्वरूप दे चुके थे। गुपालसिंह के पौत्र का नाम भी पारीक्षत (गरोंली वाले) ही था, जो जैतपुर के राजा पारीक्षत के प्रति परोक्ष रूप से सहयोगी बने रहे। इसी कारण अंग्रेज़ सेनापति हड़सन पारीक्षत को क्षति पहुँचने में सफल नहीं हो सका। पारीक्षत और रानी सुरक्षित रूप से बँधी सलैया गाँव जा पहुँचे और वहाँ हो रहे लोक-नृत्य मे सम्मिलित हो गये। हड़सन को इसकी सूचना मिल गयी। उसने गाँव में पहुँचकर लोक-नृत्य राई के कलाकारों को मारपीट कर बहुत धमकाया, फिर भी उन्होंने पारीक्षत और रानी का ठिकाना नहीं बतलाया।

पारीक्षत और रानी राजो जंगल में दिन गुज़ार रहे थे। चरखारी के राजा रतन सिंह से पारीक्षत एक बार पहले विश्वासघात झेल चुका था पर चूँकि रतन सिंह से उनकी रिश्तेदारी थी इसलिए पुनः विश्वास करते हुए

उन्होंने चरखारी जाकर रतन सिंह से कहा कि वह कम से कम रानी राजो को अपने यहाँ संरक्षण दे दे। रतन सिंह तो पूरी तरह अंग्रेज़ों के हाथों बिक चुका था। उसने तोपें चलवाकर पारीक्षत के चरखारी में होने का संकेत अंग्रेज़ों को कर दिया। पारीक्षत परिस्थिति को तुरन्त ताड़ गये और चरखारी से निकल पड़े। जोरन के महलों में, राजा छत्रसाल द्वारा बनवाए गये आवास में अलीपुर के पास पारीक्षत ने अपना ठिकाना बनाया और सैन्य संगठन का प्रयास करने लगे।

पारीक्षत और अंग्रेज़ों के बीच अन्तिम लड़ाई नगौरा में हुई। बड़ी अंग्रेज़ी फ़ौज का सामना पारीक्षत नहीं कर सके। 27 नवम्बर, 1842 को अंग्रेज़ों ने पारीक्षत को राज्य से बेदख़ल कर दिया। जैतपुर के राजा, खेता सिंह को बना दिया गया। पारीक्षत कुछ समय टेरी (टीकमगढ़) में रहे पर अन्ततः अंग्रेज़ उन्हें बन्दी बनाने में सफल हो गये। उन्हें कानपुर की जेल में रखा गया। उन पर विद्रोह का अभियोग लगाकर फाँसी पर चढ़ा दिया गया। यह भी कहा जाता है पारीक्षत अंग्रेज़ों की गिरफ़्त से बच निकले थे और कालान्तर में उनकी स्वाभाविक मृत्यु हुई थी। छतरपुर के पास अमीठा-खजुराहो मार्ग पर अमरो निशाँ में नीम के पेड़ के नीचे उनकी समाधि है।

जिस खेता सिंह को जैतपुर का राजा बनाया गया था, उसकी कोई सन्तान नहीं थी। सन् 1849 में उसकी मृत्यु होने के बाद अंग्रेज़ों ने जैतपुर राज्य को अपनी सल्तनत में मिला लिया। रानी राजो ने राज्य पर अपना दावा जताया, जिसे अंग्रेज़ों ने ख़ारिज कर दिया। उन्होंने रानी को 1200 रुपये मासिक पेंशन देने की पेशकश की, जिसे रानी ने ठुकरा दिया। रानी ने जैतपुर पर चढ़ाई कर अंग्रेज़ों को मार भगाया। सन् 1857 में विजय का शंखनाद करते हुए रानी ने जैतपुर को स्वतन्त्र राज्य घोषित कर दिया। अंग्रेज़ों ने चरखारी के राजा रतन सिंह की मदद से जैतपुर पर पुनः आक्रमण किया। पराजित होकर रानी सूडन आ गयीं। फिर टेरी राज्य की लड़ाई सरकार के यहाँ अतिथि के रूप में उन्होंने अन्तिम समय बिताया। पराक्रमी राजा पारीक्षत और वीरांगना रानी राजो की शौर्य-गाथा भले ही इतिहास के अँधियारे गलियारे में गुम हो गयी हो पर बुन्देली लोक-गीतों में आज भी उनका पुण्य स्मरण किया जाता है।

आदिवासी सिंहसपूत : नारायण सिंह

वीर और निर्भीक नारायण सिंह ने सन् 1830 में मध्यप्रदेश के आदिवासी अंचल सोनाखान की ज़मींदारी की बाग़डोर सँभाली थी और जनहित के कार्यों से बड़ी लोकप्रियता अर्जित कर ली थी। सन् 1856 में वर्षा नहीं होने के कारण सोनाखान क्षेत्र भयंकर अकाल की चपेट में आ गया। लोग पानी पीने के लिए भी तरसने लगे।

अकाल पीड़ित किसानों ने करोंद गाँव के अनाज व्यापारी से बोवनी करने और खाने के लिए अनाज देने के लिए बहुत अनुनय-विनय की परन्तु लालची व्यापारी टस से मस नहीं हुआ। अकाल पीड़ित ज़मींदार नारायण सिंह के पास अपना दुखड़ा सुनाने पहुँचे। नारायण सिंह ने अनाज व्यापारी को समझाने की चेष्टा की परन्तु वह नहीं माना। तब नारायण सिंह ने अपने कर्मचारियों को आदेश देकर बलपूर्वक व्यापारी के अन्न भण्डार खुलवाकर अकाल पीड़ितों में अनाज का वितरण करा दिया और इस बात की सूचना अंग्रेज़ डिप्टी कमिश्नर को भेज दी। व्यापारी ने भी डिप्टी कमिश्नर से यह शिकायत की कि ज़मींदार ने डाका डलवाकर उसका सब अनाज लूट लिया है। रायपुर के डिप्टी कमिश्नर इलियट ने 24 अक्टूबर 1856 को नारायण सिंह को बन्दी बनाकर रायपुर के कारावास में बन्द करवा दिया। सन् 1857 का स्वतन्त्रता संग्राम आरम्भ हो जाने पर अंग्रेज़ों और विद्रोहियों के मध्य टकराव होने लगे। कारावास में बन्दी नारायण सिंह अंग्रेज़ों से संग्राम करने के लिए व्यग्र हो रहे थे। वे प्रहरियों को अपनी ओर मिलाने के पश्चात् जेल तोड़कर बाहर आ गये।

सोनाखान पहुँच कर नारायण सिंह ने चारों ओर के रास्तों पर अवरोध लगाकर सशस्त्र प्रहरी तैनात कर दिये। नारायण सिंह ने आदिवासियों की विशाल सेना संगठित कर ली। उन्होंने निकटवर्ती अन्य ज़मींदारों को भी अंग्रेज़ों के विरुद्ध लड़ने के लिए तैयार कर लिया। रायपुर के डिप्टी कमिश्नर इलियट ने लेफ़्टिनेंट स्मिथ को विशाल सेना सहित नारायण सिंह को बन्दी बनाने के लिए भेजा। कुछ देशद्रोही ज़मींदार भी अपनी सेना सहित स्मिथ के साथ सम्मिलित हो गये।

10 नवम्बर 1857 को स्मिथ अपनी सेना के साथ रायपुर से चल पड़ा। नारायण सिंह ने अपने एक गुप्तचर को मार्गदर्शक बनाकर भेज दिया, जिसने स्मिथ को ग़लत रास्ता बतलाकर भटका दिया। अगले दिन स्मिथ सेना के साथ आगे बढ़ा तब उसे पता चला कि नारायण सिंह ने सोनाखान की सीमा पर बड़ी दीवार खड़ी कर रखी है। स्मिथ ने ग्राम करोंदी में पड़ाव डाल दिया। उसने कटंगी, बड़गाँव और बिलाईगढ़ के ज़मींदार को सेना सहित अपनी सहायता के लिए बुला लिया। स्मिथ ने सोनाखान जाने वाले सभी रास्ते रोक दिये ताकि रसद और अन्य सामग्री सोनाखान नहीं पहुँच सके। स्मिथ की सहायता के लिए रायपुर के डिप्टी कमिश्नर ने और बड़ी सेना भेज दी। सेना सहित स्मिथ नीमतल्ला से देवरी की ओर बढ़ने लगा, तब नारायण सिंह के एक गुप्तचर ने ग़लत सूचना देकर उसे एक बार और रास्ते से भटका दिया। बड़ी मुश्किल से 30 नवम्बर, 1857 को स्मिथ सोनाखान से दस मील दूर देवरी पहुँच सका। देवरी के ज़मींदार का नारायण सिंह से पारिवारिक वैमनस्य था, इसलिए उसने स्मिथ का साथ दिया, यद्यपि वह रिश्ते में नारायण सिंह का काका था। देशद्रोही ज़मींदार स्मिथ को उस रास्ते सेले गया, जहाँ अवरोध अधूरा रह गया था। नारायण सिंह ने अपने परिजनों को सुरक्षित स्थान पर भेज दिया और सोनाखान को ख़ाली करके सेना सहित पहाड़ पर चढ़कर मोर्चा जमा लिया।

स्मिथ सोनाख़ान पहुँचा और वहाँ आग लगवा दी। रात को पहाड़ पर से नारायण सिंह की सेना ने गोलियों की बौछार से स्मिथ की सेना को भारी क्षति पहुँचायी और स्मिथ को पीछे हटना पड़ा। स्मिथ की सेना ने पहाड़ को चारों और से घेर लिया और निर्दोष गाँव वालों को मारने-काटने लगा।

निरपराध गाँव वालों की प्राण रक्षा करने के लिए नारायण सिंह ने आत्मसमर्पण का निर्णय कर लिया। 5 दिसम्बर 1857 को नारायण सिंह ने रायपुर पहुँच कर डिप्टी कमिश्नर के समक्ष समर्पण कर दिया। 10 दिसम्बर, 1857 को अंग्रेज़ों ने नारायण सिंह को रायपुर के एक चौराहे पर फाँसी दे दी। रायपुर के उस चौराहे पर लगा हुआ जय स्तम्भ आज भी नारायण सिंह के बलिदान का साक्षी बना हुआ है।

32 अंग्रेज़ों को मौत के घाट उतारने वाली वीरांगना : ऊदा देवी

अकेले ही 32 अंग्रेज़ों को मौत के घाट उतार देने वाली वीरांगना ऊदा देवी वीरता और साहस की प्रतिमूर्ति थीं। ऊदा देवी का जन्म लखनऊ, उ.प्र., के पास उजियार गाँव में दलित वर्ग के पासी समाज में हुआ था। वे बचपन से ही जुझारू स्वभाव की थीं। उनका विवाह मक्का पासी से हुआ था। विवाह के पश्चात ऊदा देवी को 'जगरानी' नाम दिया गया था। ऊदा के पति मक्का पासी साहसी और बहादुर थे। वे अवध (लखनऊ) के छटे नवाब वाजिदअली शाह की फ़ौज के सिपाही थे।

नवाब वाजिद अली शाह ने सन् 1847 में नवाब बनने के पश्चात् दौरेवली अहदी में परीख़ाना की स्थापना की थी, जिसके कारण वे विवादों में घिर गये थे। नृत्य-संगीत के प्रति प्रेम और भोग-विलास में लिप्त रहने के कारण नवाब वाजिद अली को ब्रिटिश रेजिडेंट द्वारा बार-बार चेताया जाता था। नवाब ने अपनी सेना में बड़ी संख्या में सैनिकों की भर्ती की थी, जिनमें सभी जातियों के लोग सम्मिलित थे। सेना में भर्ती के कारण अनेक ग़रीब व्यक्तियों को जीवन यापन का साधन मिल गया था। अपने रंगीन मिज़ाज के अनुरूप ही नवाब ने अपनी सेना को रंग-रंग की विविधता और आकर्षक वैभव प्रदान किया था। नवाब ने अपनी सैन्य टुकड़ियों को तिरछा, रियाला, गुलाबी, दाऊदी, अब्बासी, जाफ़री जैसे आकर्षक फूलों के नाम दिये थे। सेना की वर्दी भी फूलों के रंगों के अनुसार बनवायी गयी थी।

नवाब वाजिद अली ने अपनी चहेती बेगम सिकन्दर महल को ख़ातून दस्ते का रिसालेदार बनाया था। नवाब ने अपनी कुछ बेगमों को भी सैन्य-प्रशिक्षण दिलवाया था। नवाब ने अपनी और बेगमों की रक्षा के लिए तीस फुर्तीली और बहादुर महिलाओं का सुरक्षादस्ता बनाया था, जिसे समुचित सैन्य-प्रशिक्षण दिलवाया था। वीरांगना ऊदा देवा पहले इसी दस्ते की सदस्य रही थीं। नवाब ने बाद में इस दस्ते को भंग कर पूरी स्त्री सेना बना दी थी। इस सेना की वर्दी काले रंग की थी। ऊदा देवी भी इस सेना में सम्मिलित थीं। ऊदा देवी की वीरता और तुरन्त निर्णय लेने की क्षमता से नवाब की बेगम हज़रत महल बहुत प्रभावित थीं। हज़रत महल ने बाद में स्वतन्त्रता संग्राम की जुझारू सेनानी के रूप में बहुत प्रसिद्धि प्राप्त की थी। हज़रत ने ऊदा देवी को अपनी सेना के दस्ते का कमाँडर बना दिया था।

10 मई, 1857 को मेरठ के सिपाहियों से विद्रोह काजो आरम्भ हुआ था, उसकी लपटों से लखनऊ और आसपास का क्षेत्र भी अछूता नहीं रहा था। लखनऊ के क़स्बा चिनहट के पास इस्माइलगंज में हेनरी लॉरेंस के नेतृत्व में ईस्ट इंडिया कम्पनी की सेना का मौलवी अहमदुउल्लाह शाह के नेतृत्व वाली विद्रोहियों की सेना से भीषण संग्राम हुआ। इस संग्राम में अंग्रेज़ी सेना को पराजित होकर भागना पड़ा था। इस लड़ाई में जो विद्रोही बहादुर शहीद हुए थे, उनमें ऊदा देवी के पति मक्का पासी भी सम्मिलित थे।

ऊदा देवी ने अपने शहीद पति के शव पर उनके बलिदान का प्रतिशोध अंग्रेज़ों से लेने की शपथ ली थी। अंग्रेज़ी सेना चिनहट में हुई अपनी पराजय का प्रतिशोध लेने की तैयारी कर रही थी। उसे सूचना प्राप्त हुई कि दो हज़ार विद्रोहियों की सेना लखनऊ के सिकन्दर बाग़ में विश्राम कर रही है। 16 नवम्बर, 1857 को कोलिन कैम्पबेल के नेतृत्व में अंग्रेज़ी सेना ने अचानक सिकन्दर बाग़ की घेराबन्दी कर आक्रमण कर दिया। असावधान विद्रोही सैनिकों की निर्दयतापूर्वक हत्या करते हुए अंग्रेज़ सैनिक तेज़ी से आगे बढ़ रहे थे। सिकंदर बाग़ में अपने महिला दस्ते के साथ ऊदा देवी भी थीं। ऊदा देवी पुरुष वेश में बन्दूक और गोला-बारूद लेकर पीपल के एक ऊँचे वृक्ष पर चढ़ गयीं। आगे बढ़ रहे अंग्रेज़ सैनिकों पर पेड़

की डालियों और पत्तों में छुपी हुई ऊदा देवी ने गोलाबारी करना शुरू कर दिया। उन्होंने ब्रिटिश सेना को तब तक आगे नहीं बढ़ने दिया, जब तक उनके पास गोला-बारूद ख़त्म नहीं हो गया। वीरांगना ऊदा देवी ने अकेले ही ब्रिटिश सेना के दो अफ़सरों कूपर और लैम्सडन सहित 32 सैनिकों का संहार कर दिया। ऊदा देवी की गोलियाँ ख़त्म होने के बाद अंग्रेज़ सैनिकों ने पेड़ को घेरकर गोलियों की बौछार से ऊदा देवी को छलनी कर दिया।

लाल रंग की जैकेट और पैंट पहनी हुई ऊदा देवी का शव जब पेड़ से धरती पर गिर गया तो उनका जैकेट खुल गया था। कैम्पबेल यह देखकर भौंचक्का रह गया कि 32 अंग्रेज़ों का वध करने वाला पराक्रमी सैनिक कोई पुरुष नहीं अपितु एक महिला थी। ऊदा देवी के शौर्य से स्तब्ध रह जाने वाले कैम्पबेल ने अपना हैट उतारकर सलामी दी। अपने पति के बलिदान का साहसपूर्वक प्रतिशोध लेने वाली ऊदा देवी के बारे में भारतीय इतिहासकारों ने बहुत कम लिखा परन्तु अंग्रेज़ अधिकारियों और पत्रकारों ने अवश्य ही ऊदा देवी के शौर्य और पराक्रम का उल्लेख किया। ब्रिटिश सार्जेन्ट फ़ॉर्ब्स मिशेल ने अपने संस्मरण में सिकन्दर बाग़ में पीपल के पेड़ पर बैठी एक ऐसी महिला का उल्लेख किया है, जो अंग्रेज़ी सेना के 32 से अधिक सैनिकों और अफ़सरों को मार गिराने के बाद शहीद हुई थी। लन्दन टाइम्स के संवाददाता विलियम हावर्ड रसेल ने लड़ाई का जो समाचार लन्दन भेजा था, उसमें पीपल के पेड़ पर से फ़ायरिंग कर अंग्रेज़ी सेना को भारी क्षति पहुँचाने वाली महिला का प्रमुखता से उल्लेख किया गया था। लन्दन टाइम्स में प्रकाशित समाचार के आधार पर ही कार्ल मार्क्स ने भी इस रोमाँचक घटना का उल्लेख किया था। ऊदा देवी को स्वतन्त्रता समर के इतिहास में भले ही प्रसिद्धि नहीं मिली हो परन्तु उनकी एक प्रतिमा अवश्य ही लखनऊ के सिकन्दर बाग़ में स्थापित है। अवध के लोकगीतों मेंआज भी ऊदा देवी की कीर्ति-कथा गूँजती है। ऐसे ही एक लोकगीत की पंक्तियाँ हैं–

कोई उनको हब्सिन कहता, कोई कहता नीच अछूत
अबला कोई उन्हें बतलाये, कोई कहे मज़बूत।

बलिदान होने तक स्वाभिमान बना रहा : राजा शंकर शाह

मुग़लों से भीषण संग्राम कर प्राणोत्सर्ग करने वाली वीरांगना रानी दुर्गावती के वंशज राजा शंकर शाह गढ़ मण्डला के अन्तिम शासक थे। अंग्रेज़ों ने उनका राज्य हड़प लिया था, उन्हें पेंशन दी जाती थी। उनके पास केवल तीन गाँवों की जागीर ही रह गयी थी। वे जबलपुर के उपनगर पुरवा में रहते थे। उनके विद्रोही तेवर निस्तेज नहीं हुए थे। वे विद्रोही सैनिकों, ठाकुर, ज़मींदारों की गुप्त बैठकें कर अंग्रेज़ों से टक्कर लेने की रणनीति बनाते रहते थे। उनके प्रयत्नों से जबलपुर की 52 नम्बर की अंग्रेज़ी सेना में विद्रोह की चिनगारियाँ सुलगने लगी थीं।

शंकर शाह और उनके बेटे रघुनाथ शाह ने मुहर्रम के दिन अंग्रेज़ी छावनी पर आक्रमण करने की योजना बना ली थी परन्तु दो ज़मींदारों ने ग़द्दारी करते हुए उनकी योजना की जानकारी अंग्रेज़ डिप्टी कमिशनर क्लार्क तक पहुँचा दी थी। अंग्रेज़ सतर्क हो गये और मुहर्रम के दिन आक्रमण की योजना निष्फल हो गयी। इस घटना से क्लार्क के मन में शंकर शाह के विरुद्ध रोष और बढ़ गया। उन्होंने एक चपरासी को फ़क़ीर के वेश में भेजकर शंकर शाह की गुप्त जानकारी प्राप्त कर ली।

14 सितम्बर, 1857 को क्लार्क ने 20 घुड़सवारों और 40 सैनिकों के साथ शंकर शाह की पुरवा स्थित गढ़ी पर आक्रमण कर दिया। शंकर शाह और रघुनाथ शाह को बन्दी बना लिया गया। इस सूचना को पाकर अंग्रेज़ों की 52वीं रेजीमेंट में विद्रोह भड़क उठा। विद्रोहियों ने शंकर शाह और रघुनाथ शाह के मुक्त कराने के बहुत प्रयत्न किये परन्तु वे सफल हीं हो सके।

क्लार्क ने शंकर शाह और रघुनाथ शाह पर राज्यद्रोह का अभियोग लगाकर उन्हें तोप के मुँह से बाँधकर मृत्युदण्ड देने का निर्णय लिया। 18 सितम्बर, 1857 को एजेंसी में फाँसी परेड हुई। आमन्त्रित जन-समुदाय के सामने धवल केश वाले बुज़ुर्ग राजा शंकर शाह और 40 वर्षीय पुत्र रघुनाथ शाह को तोप के मुहाने पर बाँधकर विस्फोट कर दिया गया। एक प्रत्यक्षदर्शी अंग्रेज़ अधिकारी के बयान के अनुसार तोप से बाँधे जाने तक दोनों देशभक्त पिता-पुत्र के मुख पर ग़ज़ब की दृढ़ता और चमक थी। मृत्यु का किंचित भी भय उन्हें नहीं था। विस्फोट होते ही उन दोनों के सर और मुख के टुकड़े 30 फ़ुट की दूरी तक बिखर गये। शंकर शाह की विधवा रानी फूल कुँवर ने शवों के अवशेष एकत्रित करवाकर उन दोनों का अंतिम संस्कार सम्पन्न कराया।

रानी फूल कुँवर ने अंग्रेज़ों से प्रतिशोध लेने का संकल्प किया। वे मण्डला जा पहुँची और सैन्य-संगठन किया। रानी फूल कुँवर ने भी अंग्रेज़ों से संघर्ष करते हुए वीरगति प्राप्त की।

मध्य भारत के पराक्रमी रण-बाँकुरे : दौलत सिंह

देशभक्त विद्रोही दौलत सिंह मध्य भारत के पराक्रमी रण-बाँकुरे थे। रण-कौशल में उनकी कोई बराबरी नहीं कर सकता था। विशेष रूप से छापामार युद्ध में उन्होंने दक्षता अर्जित कर ली थी। अपनी छापामार रणनीति से दौलत सिंह 13 वर्षों तक अंग्रेज़ों के छक्के छुड़ाने में सफल रहे थे।

ठाकुर दौलत सिंह वीर विद्रोही चिमना जी के सुपुत्र थे। सन् 1857 के स्वतन्त्रता संग्राम में दौलत सिंह ने अपने पिता के साथ मिलकर 7 हज़ार देशभक्तों की सेना सुगठित कर ली थी। दौलत सिंह ने अपने वीर सहयोगी बरजोर सिंह के साथ दबोह और इटावा सहित कई रियासतों को अंग्रेज़ों के ख़ूनी शिकन्जे से मुक्त करा लिया था।

दौलत सिंह के शौर्य से आतंकित कैप्टन असवर्न ने उन्हें बन्दी बनाने के लिए सिंध नदी के बीहड़ में घेराबन्दी की थी परन्तु युद्ध-कला में सिद्धहस्त दौलत सिंह अंग्रेज़ों को चकमा देकर सुरक्षित बच निकले थे।

26 मई 1858 को झाँसी की रानी वीरांगना लक्ष्मीबाई के सेना सहित गोपालपुरा पहुँचने पर पचनदक्षेत्र के सभी क्रान्तिवीर संगठित हो गये। दौलत सिंह ने ही बड़ी सूझ-बूझ से रानी लक्ष्मीबाई की सेना को गुप्त मार्ग से ग्वालियर पहुँचाया था। ग्वालियर के दुर्ग पर विजयश्री प्राप्त करने में दौलत सिंह ने अपनी सेना के साथ रानी लक्ष्मीबाई की बड़ी सहायता की थी। इस संघर्ष में दौलत सिंह के पिता चिमना जी और रूपचन्द्र गम्भीर

रूप से घायल हो गये थे और अमायन के राजा भगवन्त सिंह शहीद हो गये थे। ग्वालियर विजय के पश्चात दौलत सिंह अपनी सेना सहित सकुशल वापस आ गये थे।

अंग्रेज़ अत्यन्त निर्दयतापूर्वक किसानों से लगान की वसूली करते थे परन्तु अंग्रेज़, दौलत सिंह से इतने आतंकित थे कि अबोह, सेंवढ़ा और इटावा क्षेत्र में किसानों से कर की वसूली भी नहीं कर पाते थे। दतिया में खड़क सिंह और इटावा में बरजोर सिंह अंग्रेज़ों के विरुद्ध संघर्ष का नेतृत्व कर रहे थे। बुहारा रियासत के दौलत सिंह ऐसे क्रान्तिवीर थे, जिन्होंने ब्रिटिश सत्ता की नींव हिला दी थी। उन्होंने अंग्रेज़ों से कई क्षेत्रों को जब एक बार मुक्त करा दिया था तब अंग्रेज़ दुबारा अधिकार नहीं कर सके थे।

सन् 1857 से 1859 के मध्य दौलत सिंह ने अंग्रेज़ों के विरुद्ध सतत संग्राम जारी रखा। इस युद्ध में कछवा धार और इटावा के चौहान धार के विद्रोहियों के साथ निरंजन सिंह चौहान, दौलत सिंह के पिता चिमना जी और अमाचन के राजा भगवन्त सिंह जैसे सेनानायकों ने अपने पराक्रम का जौहर दिखलाया था।

होशंगाबाद क्षेत्र में क्रान्ति का आरम्भ सन् 1857 के अक्टूबर माह में तब हुआ था, जब ठाकुर दौलत सिंह के नेतृत्व में देशभक्तों के विशाल समूह ने नेमावर में विद्रोह का बिगुल बजा दिया था। सतवास में विद्रोहियों ने अपना शक्ति प्रदर्शन किया था। सागर, दमोह, नरसिंहपुर, चावरफाटा, तेंदूखेड़ा और हिरापुर में सन् 1842 में विद्रोहियों ने अंग्रेज़ों से संघर्ष किया था और ठाकुरों व मालगुज़ारों ने अंग्रेज़ों की अधीनता स्वीकार करने से इनकार कर दिया था। 15 वर्षों पश्चात यह सभी क्षेत्र पुनः क्रान्ति के केन्द्र बन कर उभरे थे। विगत विद्रोह में नेतृत्व करने वाले मदनपुर के ढ़िल्लन शाह जैसे क्रान्तिकारियों ने इस बार भी अग्र-पंक्ति में अपनी भूमिका का निर्वाह किया था।

आजीवन अंग्रेज़ों के विरुद्ध संघर्ष करते रहने के पश्चात क्रान्तिवीर ठाकुर दौलत सिंह सन् 1870 में इस असार संसार से विदा हो गये थे पर समूचे अंचल में विद्रोह चेतना जगा गये थे।

शौर्य और पराक्रम के शहंशाह : बख़तबली शाह

झाँसी की रानी लक्ष्मीबाई और तात्या टोपे की सहायता करने वाले बुन्देला वीर बख़तबली शाह शौर्य और पराक्रम के शहंशाह थे। वे बुन्देलखण्ड के छोटे-से राज्य शाहगढ़ के राजा थे। उनके राज्य में केवल आठ सौ सैनिक और पचास घुड़सवार ही थे, फिर भी उन्होंने अंग्रेज़ों की नाक में दम कर दिया था।

1857 के स्वतन्त्रता समर के दौर में शाहगढ़ राज्य विषम परिस्थिति में था। निकटस्थ नगर जबलपुर और सागर में बड़ी तादाद में अंग्रेज़ी सेनाएँ मौजूद थीं परन्तु बख़तबली ने इसकी परवाह नहीं करते हुए पूर्ण उत्साह और पराक्रम से अंग्रेज़ों के विरुद्ध संघर्ष किया था। उनके प्रयासों से बुन्देलखण्ड और महाकौशल की अंग्रेज़ी सेना के विद्रोही सैनिक शाहगढ़ की सेना में आ मिले थे। शेख़ रमज़ान के नेतृत्व में अंग्रेज़ों की 42वीं पलटन के बाग़ी सिपाही भी शाहगढ़ की सेना में सम्मिलित हो गये थे। सन् 1857 की क्रान्ति का सूत्रपात होते ही जबलपुर की 52 नम्बर की ब्रिटिश सेना के सिपाही विद्रोह का बिगुल बजाते हुए बख़तबली के ध्वज के साये में आ गये थे।

18 जुलाई, 1857 को राजा बख़तबली ने क्रान्ति का जयघोष कर दिया। पहले उन्होंने बिनेका ग्राम पर विजय श्री प्राप्त की। फिर नरयावली, भापेल और खिमलासा को भी अपने अधीन कर लिया। कुछ समय में ही सागर के दुर्ग को छोड़कर पूरे ज़िले में विद्रोहियों के ध्वज फहराने लगे।

बख़तबली ने शाहगढ़ से राजा मर्दन सिंह को सागर की छावनी पर आक्रमण करने के लिए पत्र लिखा। 1857 के जुलाई माह के तीसरे सप्ताह में बख़तबली ने अपनी सेना के साथ बानपुर से प्रस्थान किया। 25 जुलाई को बख़तबली और मर्दन सिंह की सम्मिलित सेना ने सागर की छावनी पर धावा बोल दिया। सागर के दुर्ग में उन्होंने अंग्रेज़ी सेना को अपने घेरे में ले लिया लेकिन इस दौरान ही अंग्रेज़ बिग्रेडियर रोज ने दूसरी ओर से मोर्चा सँभाल लिया और लड़ाई अनिर्णायक रही।

17 सितम्बर, 1857 को क्रान्तिकारियों ने पुनः सागर पर आक्रमण किया। कर्नल डेलेल के नेतृत्व वाली अंग्रेज़ों की 42 नम्बर की सेना को क्रान्तिकारियों ने भीषण टक्कर दी परन्तु अंग्रेज़ों की तोपों का सामना करने में वे सफलता नहीं प्राप्त कर सके। इस लड़ाई में कप्तन डेलेल को मारने में क्रान्तिकारी अवश्य कामयाब हो गये।

9 फ़रवरी, 1858 को झाँसी के विद्रोह का दमन करने के उद्देश्य ह्यूरोज सागर तक आ पहुँचा। इधर बख़तबली शाह और मर्दन सिंह भी झाँसी की रानी की सहायता करने के लिए संकल्पबद्ध थे। ह्यूरोज के लिए सागर से झाँसी जाने के लिए दो ही रास्ते थे। एक मालथोन की घाटी से और दूसरा मदनपुर की घाटी से, इनमें मालथोन का रास्ता ही आम था। क्रान्तिकारियों ने ह्यूरोज का प्रतिरोध करने की अच्छी तैयारी कर ली थी। मर्दन सिंह ने मालथोन की घाटी का मोर्चा सँभाला और बख़तबली के नेतृत्व में मदनपुर की घाटी पर आक्रमण की तैयारी की गयी। ह्यूरोज जब मालथोन के निकट पहुँच गया तब उसे मर्दन सिंह की सेना की सूचना मिल गयी तब उसने चालाकी से काम लिया। उसने सैनिकों की एक छोटी टुकड़ी को मालथोन की घाटी से आगे बढ़ा दिया और स्वयं बड़ी सेना के साथ मदनपुर की घाटी से आगे बढ़ा। हयूरोज ने यह भ्रम फैला दिया कि अंग्रेज़ी सेना मालथोन की घाटी से ही आगे बढ़ रही है। परिणामस्वरूप शाहगढ़ की छोटी सेना को ह्यूरोज की विशाल सेना का सामना करना पड़ा। बख़तबली ने पूरी शक्ति से ह्यूरोज की सेना का सामना किया, फिर भी ह्यूरोज की विशाल सेना का वे प्रतिरोध नहीं कर सके और ब्रिटिश सेना बुन्देलखण्ड में आगे बढ़ गयी। उधर मर्दन सिंह अंग्रेज़ी सेना की छोटी टुकड़ी में ही उलझे रह गये। ह्यूरोज ने शाहगढ़ और बानपुर को जीतने के बाद झाँसी

पर विजय प्राप्त कर ली। बख़तबली ने अपनी सेना का पुनः संगठन किया और झाँसी की रानी की सहायता की।

बख़तबली तात्या टोपे की सहायता करने के लिए चरखारी पहुँचे। चरखारी पर अधिकार करने के पश्चात वे तात्या टोपे के साथ ही कालपी पहुँच गये। कोंच में बख़तबली, नाना साहब, तात्या टोपे, लक्ष्मीबाई, बांदा के नवाब और मर्दन सिंह आदि एकत्रित हो गये। 5 जुलाई 1858 को क्रान्तिकारियों और अंग्रेज़ी सेना के मध्य भीषण संग्राम हुआ। विजय अंग्रेज़ों को मिली और उन्होंने कालपी और कोंच को जीत लिया। ग्वालियर को क्रान्तिकारियों ने अपने अधिकार में ले लिया था पर अंग्रेज़ों ने उसे फिर छीन लिया। झाँसी की रानी भी वीरगति को प्राप्त हो गयीं। बख़तबली को इस बात से बड़ा सदमा पहुँचा। 22 सितम्बर, 1858 को जब बख़तबली ग्वालियर जा रहे थे, तब अंग्रेज़ उन्हें गिरफ़्तार करने में सफल हो गये। बख़तबली के शौर्य से आतंकित अंग्रेज़ों ने उन्हें बुन्देलखण्ड से बहुत दूर, लाहौर भेज दिया और हाकिमराय की हवेली में नज़रबन्द कर दिया। वे अपनी मातृभूमि बुन्देलखण्ड के दर्शन के लिए तड़पते रहे। डॉ. जे.सी. पैनी द्वारा लाहौर की जलवायु बख़तबली के लिए अनुकूल नहीं होने का प्रमाणपत्र दिये जाने के पश्चात अन्ततः नवम्बर 1872 में उन्हें वृन्दावन आने की अनुमति प्राप्त हुई। वृन्दावन में ही 29 सितम्बर, 1875 को बुन्देलखण्ड के वीर सपूत राजा बख़तबली इस संसार से विदा हो गये। इतिहास में विस्मृत इस रण-बाँकुरे की प्रेरक गाथा भारतीय स्वतन्त्रता संग्राम का गौरवशाली अध्याय है।

आज़ादी के आहुति-यज्ञ की अग्निशिखा : रानी अवन्तीबाई

रामगढ़ की रानी अवन्तीबाई आज़ादी के आहुति-यज्ञ की अग्निशिखा थीं। यद्यपि उन्हें रानी दुर्गावती और रानी लक्ष्मीबाई के समान प्रसिद्धि प्राप्त नहीं हो सकी परन्तु वीरता और साहस में वे उनसे कम नहीं थीं।

अवन्तीबाई मनकेहणी के ज़मींदार राव जुझार सिंह की सुपुत्री थीं। वे बाल्यकाल से ही साहसी और पराक्रमी थीं। उन्होंने युद्ध-कला का अभ्यास कर दक्षता प्राप्त कर ली थी। उनका विवाह बचपन में ही रामगढ़ के राजा विक्रमजीत सिंह से हो गया था। पहाड़ियों से घिरे रामगढ़ राज्य को उन दिनों राजकीय तहसील का दर्जा प्राप्त था। क़रीब 4000 वर्गमील में विस्तारित रामगढ़ राज्य नैसर्गिक सुषमा से सुसज्जित था। रामगढ़ का राजमहल सुदृढ़ प्राचीर से घिरा हुआ था। रामगढ़ के राजा विक्रमजीत बचपन से ही धर्म-ध्यान में निमग्न रहते थे। राजसिंहासन पर आरूढ़ होते ही विक्रमजीत मानसिक रूप से विक्षिप्त हो गये थे। राजकाज अवन्तीबाई कुशलता से सँभालती थीं। अपनी लोलुप हड़प नीति के चलते अंग्रेज़ों ने राजा विक्रमजीत को अयोग्य घोषित करते हुए सन् 1851 में रामगढ़ में तहसीलदार की नियुक्ति कर दी। रानी अवन्तीबाई ने इसका विरोध किया तथा पति की अस्वथता के कारण अपने दोनों पुत्रों अमान सिंह और शेर सिंह के वयस्क होने तक स्वयं राजकाज सँभालने का निर्णय लार्ड डलहौजी को सूचित कर दिया। इसके साथ ही रानी और अंग्रेज़ों के मध्य वैमनस्य बढ़ने लगा।

सन् 1855 में राजा विक्रमजीत का एक दुर्घटना में निधन हो गया। उन्हीं दिनों अंग्रेज़ों ने गढ़ मण्डला में रानी दुर्गावती के वंशज राजा शंकर शाह और उनके पुत्र रघुनाथ शाह को विद्रोह के आरोप में तोप से बाँधकर मृत्युदण्ड दे दिया। इस घटना से रानी अवन्तीबाई के हृदय में अंग्रेज़ों के प्रति आक्रोश की ज्वाला धधकने लगी। रानी यह बात भली-भाँति जानती थीं कि अंग्रेज़ों की विशाल शक्ति का सामना अकेले नहीं किया जा सकता इसलिए उन्होंने निकटस्थ सभी शासकों को संगठित करने का प्रयास किया। उन्होंने रामगढ़ में आसपास के सभी राजाओं, परगनादारों, ज़मींदारों और बड़े मालगुज़ारों का गुप्त सम्मेलन आयोजित किया, जिसकी अध्यक्षता गढ़ पुरवा के राजा शंकर शाह ने की थी। सम्मेलन के निर्णयानुसार क्रान्ति के प्रचार-प्रसार का दायित्व रानी अवन्तीबाई को प्राप्त हुआ था। रानी ने दो काले रंग की चूड़ियों के साथ एक पत्र का वितरण कराया। पत्र में लिखा गया था—"अंग्रेज़ों से संघर्ष के लिए तैयार हो जाओ या चूड़ियाँ पहनकर घर में बैठो।"

रामगढ़ के सेनापति उमराव सिंह ने बिछिया थाना पर आक्रमण कर दिया। थाने के सिपाही भाग गये और थाने पर विद्रोहियों का अधिकार हो गया। रानी के सैनिकों ने घुघरी पर आक्रमण कर उसे भी अपने अधिकार में ले लिया। रानी के कुछ सैनिक नारायणगढ़ जा पहुँचे और उन्होंने जबलपुर-मण्डला मार्ग को अवरुद्ध कर दिया। मण्डला को छोड़कर पूरा ज़िला स्वतन्त्र करा लिया गया। रानी ने मण्डला पर विजय प्राप्त करने के लिए प्रस्थान किया। रानी की सूचना प्राप्त होने पर शहपुर और मुकास के ज़मींदार भी मण्डला की ओर चल पड़े। खैरी ग्राम के निकट रानी और अंग्रेज़ सैनिकों के बीच संघर्ष हुआ। रानी को विजय प्राप्त हुई और अंग्रेज़ डिप्टी कमिश्नर वाडिंगटन जान बचाकर सिवनी की ओर भाग गया। मण्डला पर विजय प्राप्त करने से पहले खड़देवरा के सैनिक भी रानी की सेना में सम्मिलित हो गये थे। वीरांगना अवन्तीबाई मूँगिया वस्त्र पहने सर पर साफा बाँधकर घोड़े पर सवार हो तलवार चलाते हुए आगे बढ़ती थीं तो साक्षात् रणचण्डी जैसी लगती थीं।

वाडिंगटन ने नागपुर-कामटी की ब्रिटिश फ़ौज को बुलवाया और फिर रामगढ़ की ओर आगे बढ़ा। रानी और वाडिंगटन के मध्य मण्डला के

पास जंगल में संघर्ष हुआ। देशभक्तों की वीरता ने फ़िरंगी सेना के छक्के छुड़ा दिये। वाडिंगटन अपना घोडा बढ़ाकर रानी के निकट पहुँच गया पर वह वार कर पाता इसके पहले ही रानी ने फुर्ती से उसके घोड़े को अपनी तलवार से काट डाला। वाडिंगटन ज़मीन पर गिर पड़ा और अपनी जान बचाने के लिए गिड़गिड़ाने लगा। रानी ने उदारतापूर्वक उसे प्राण-दान दे दिया। वाडिंगटन का आठ साल का बेटा भी जंगल में रोता-बिलखता मिला था, रानी ने मातृत्व स्नेह देकर उसे भी लौटा दिया।

रानी अवन्तीबाई ने रामगढ़ लौटकर अंग्रेज़ों द्वारा नियुक्त तहसीलदार को मार भगाया और सेना का चतुराई से पुनर्गठन किया। नागपुर से बड़ी अंग्रेज़ी सेना बुलवाकर वाडिंगटन ने पुनः गोंडवाना की ओर कूच किया। उसने विजय राघवगढ़ को जीत लिया और वहाँ के राजा सरजु प्रसाद को बन्दी बनाकर काले पानी की सज़ा दी गयी। फिर उसने पाटन, संग्रामपुर और सलीमाबाद को जीत लिया। दिसम्बर, 1857 में वाडिंगटन ने रामगढ़ पर हमला बोला। रानी अवन्तीबाई कुशल सैन्य-संचालन के साथ महल के अन्दर से ही छापामार युद्ध करते हुए अंग्रेज़ी सेना को छकाती रहीं। अंग्रेज़ी सेना तीन माह तक घेरा डाले रही पर महल के बाहर की सुदृढ़ दीवार को भेद नहीं पायी। निराशा से ग्रस्त अंग्रेज़ी सेना वापस लौटने ही वाली थी परन्तु तभी रीवा राज्य की सेना के आ मिलने से उसकी ताक़त बढ़ गयी। महल में रानी की रसद-व्यवस्था चुक रही थी अतः रानी अवन्तीबाई अपने चुनिन्दा सैनिकों के साथ रामगढ़ से निकलकर अंग्रेज़ों की आँखों में धूल झोंकते हुए देवहारगढ़ के जंगल में जा पहुँची। अंग्रेज़ों ने रामगढ़ पर दोतरफ़ा आक्रमण किया। एक तरफ से अंग्रेज़ रामगढ़ में घुसने में कामयाब हो गये। वहाँ रानी को नहीं पाकर वाडिंगटन खिसिया गया। उसने क़त्ले-आम करवा दिया और फिर रानी को खोजते हुए जंगल में जा पहुँचा। जंगल में रानी विशाल अंग्रेज़ी सेना से घिर गयी पर उन्होंने साहस का साथ नहीं छोड़ा और अन्तिम समय तक अपनी बन्दूक की गोलियों से अंग्रेज़ों को छलनी करती रहीं। जब उनके बन्दी बनाये जाने की घड़ी आ गयी तब उन्होंने परिचारिका से कटार छीनकर अपनी छाती में घोंप ली। वाडिंगटन ने अंग्रेज़ सिविल सर्जन से रानी का उपचार कराया पर रानी स्वर्गारोहण कर गयीं।

आज़ादी के अमर परवाने : फ़ाज़िल-आदिल

सन् 1857 के स्वतन्त्रता संग्राम में अम्बापानी के जागीदार दो रण-बाँकुरे भाई फ़ाज़िल मोहम्मद ख़ाँ और आदिल मोहम्मद ख़ाँ ने अंग्रेज़ी सेना की फ़जीहत कर दी थी। भोपाल राज्य के संस्थापक नवाब दोस्त मोहम्मद ख़ाँ ने अपनी बेटी का निकाह रिश्ते के अपने छोटे भाई ख़िजर मोहम्मद से किया था। नवाब ने अम्बापानी की जागीर ख़िजर मोहम्मद को उपहारस्वरूप दे दी थी। अम्बापानी भोपाल राज्य की एक तहसील थी, जो अब एक गाँव-भर रहा गया है। ख़िज्री मोहम्मद के वंशज थे फ़ाज़िल मोहम्मद और आदिल मोहम्मद। ये दोनों भाई देशभक्त और आज़ादी के दीवाने थे, जिन्होंने 1857 में क्रान्ति का परचम लहराया था। दोनों भाइयों ने रीवा, चरखारी, नागोद, दतिया, छतरपुर, भोपाल आदि 15 रियासतों के शासकों से सम्पर्क कर अंग्रेज़ों के विरुद्ध संघर्ष का आहवान किया। दोनों भाइयों ने होशंगाबाद और नागपुर तक बग़ावत की आँधी चला दी थी।

फ़ाज़िल-आदिल की सक्रियता से अंग्रेज़ों की शामत आ गयी थी। भोपाल की नवाब सिकन्दर बेगम अंग्रेज़ों की चापलूस थीं। फ़ाज़िल-आदिल से त्रस्त अंग्रेज़ों ने बेगम को आदेश दिया कि दोनों भाइयों को पकड़कर मार डालो। बेगम ने नजदीकी रिश्तेदारी का तनिक भी लिहाज़ न करते हुए फ़ाज़िल-आदिल को पकड़ने के लिए फ़ौज भेज दी।

28 सितम्बर को फ़ाज़िल-आदिल ने 300 साथियों के साथ चन्द्रपुर पहुँच कर पठारी के नवाब हैदर मुहम्मद पर आक्रमण कर दिया। भयानक संघर्ष हुआ और आज़ादी के दीवानों ने विजय प्राप्त की।

पठारी पर फ़ाज़िल-आदिल का अधिकार हो गया। कुछ समय उपरान्त ही नवाब भोपाल की बड़ी सेना की मदद से नवाब हैदर मोहम्मद ने फ़ाज़िल-आदिल से लड़कर पठारी को पुनः जीत लिया।

नवाब भोपाल ने तीन तरफ़ा मोर्चा बना कर फ़ाज़िल-आदिल और विद्रोहियों से संघर्ष की तैयारी कर ली। पहला मोर्चा ग़ैरतगंज में, दूसरा मोर्चा से सेवन्स नाम से और तीसरा मोर्चा बम्होरी में लगाया गया। भोपाल की नवाब सिकन्दर बेगम ने अपने सिपाहियों को ललचाने के लिए यह घोषणा भी कर दी कि फ़ाज़िल-आदिल की सम्पत्ति यदि लूट ली गयी तो वह लूटने वाले सिपाहियों में बाँट दी जायेगी।

बम्होरी के पास राजगढ़ में 7 अक्टूबर, 1857 को फ़ाज़िल के नेतृत्व वाली पाँच सौ विद्रोहियों की सेना पर भोपाल नवाब की विशाल सेना ने आक्रमण कर दिया। कम संख्या में होने पर और सीमित साधनों के रहते भी विद्रोहियों ने बड़े ज़ोर-शोर से लड़ाई लड़ी। भोपाल की सेना घबरा गयी। बेगम को अतिरिक्त सेना भेजना पड़ी। फिर भी फ़ाज़िल-आदिल को पकड़ा नहीं जा सका, परन्तु 37 विद्रोही सैनिकों और फ़ाज़िल के ज़मींदार कर्म सिंह की शहादत हो गयी। दो हाथी, एक घोड़ा, 40 हथियार और काफी साज़ो-सामान की क्षति भी विद्रोहियों को सहनी पड़ी। फिर भी उनके उत्साह में कमी नहीं आयी।

नवाब भोपाल के सेनापति मुरव्वत ख़ाँ की सहायता के लिए भोपाल से और बड़ी सेना भेजी गयी। नवाब कुदसिया बेगम की डयोढ़ी से सैनिक सामाग्री भी भेजी गयी। मुरव्वत ख़ाँ ने फ़ाज़िल-आदिल को बन्दी बनाने के लिए फिर से आक्रमण की तैयारी कर ली। इस बात की भनक मिलते ही 17 अक्टूबर, 1857 को फ़ाज़िल-आदिल अम्बापानी से बाहर चले गये। भोपाल की सेना ने अम्बापानी की गढ़ी के सामने तोपें अड़ा दीं और 16 दिनों तक निरन्तर आक्रमण किये, फिर भी गढ़ी पर अधिकार नहीं हो सका। भोपाल की सेना ने नीचे स्थित तालाब को तोड़कर पानी बहा दिया और तोप के गोलों से गढ़ी को छेदना शुरू कर दिया। 11 नवम्बर, 1857 को महिलाओं और बच्चों को मुक्त करने की शर्त पर विद्रोहियों ने गढ़ी की चाबियाँ भोपाल की सेना को सौंप दी। भोपाल की सेना द्वारा विद्रोहियों को बन्दी बना लिया गया परन्तु गढ़ी में फ़ाज़िल-आदिल के नहीं मिलने से उनके हाथ निराशा ही लगी।

अम्बापानी से पहले ही निकल चुके फ़ाज़िल-आदिल ने विद्रोहियों की सहायता से राहतगढ़ पर आक्रमण कर क़ब्ज़ा कर लिया। इसकी सूचना पाकर मुरव्वत ख़ाँ और अंग्रेज़ जनरल रोज अपनी संयुक्त सेना के साथ राहतगढ़ पहुँचे। जनरल ह्यूरोज भी विशाल सेना सहित आ गया और उसने 24 जनवरी, 1858 को वीना नदी के किनारे मोर्चा सँभाल लिया। विद्रोहियों ने अंग्रेज़ी सेना से वीरतापूर्वक संघर्ष किया। उन्होंने जंगल की घास में आग लगा दी। धू-धू करती आग की लपटों से अंग्रेज़ी सेना की परेशानी बहुत बढ़ गयी। अंग्रेज़ों की तोपें गोले बरसाने लगीं। 28 जनवरी, 1858 को राहतगढ़ दुर्ग की एक दीवार को तोड़ने में अंग्रेज़ सफल हो गये। अंग्रेज़ी सेना किले में प्रवेश करने ही वाली थी, तभी अचानक पीछे से वानपुर के राजा मर्दन सिंह ने ज़ोरदार आक्रमण कर दिया। इस अप्रत्याशित आक्रमण के लिए ब्रिटिश सेना किंचित भी तैयार नहीं थी। जनरल ह्यूरोज भी घबरा गया। दुर्ग के भीतर विद्रोहियों पर आक्रमण करने के बजाय अंग्रेज़ी सेना, मर्दन सिंह की सेना से लड़ाई में उलझ गयी और इस बीच राहतगढ़ दुर्ग में घिरे क्रान्तिकारी फुर्ती से जंगल की ओर भागने में सफल हो गये। उन्हें बचाने का उद्देश्य पूर्ण होते ही मर्दन सिंह की सेना भी जिस तेज़ी से आयी थी, उसी वेग से जंगल में चली गयी। जनरल ह्यूरोज स्तंभित-सा हाथ मलता रह गया। राहतगढ़ दुर्ग पर अंग्रेज़ों का अधिकार हो गया परन्तु फ़ाज़िल-आदिल को पकड़ पाने का उनका उद्देश्य पूरा नहीं हो सका तब उन्होंने जंगल में विद्रोहियों का पीछा किया। भोपाल के घुड़सवार जंगल में फ़ाज़िल मोहम्मद ख़ाँ को पकड़ने में सफल हो गये। अंग्रेज़ अफ़सर आर. हेमिल्टन ने फ़ाज़िल ख़ाँ और उनके सहयोगी कामदार ख़ाँ को राहतगढ़ दुर्ग के मुख्यद्वार पर क्रूरतापूर्वक फाँसी पर लटका दिया और इस तरह आज़ादी के बहादुर परवाने ने अपनी शहादत के साथ मातृभूमि को अपना अन्तिम सलाम अर्पित किया। आदिल ख़ाँ सुरक्षित रूप से भाग निकलने में सफल रहे। वे वीर तात्या टोपे से जा मिले और वीरगति प्राप्त करने तक अंग्रेज़ों से संघर्ष करते रहे।

आज़ादी की लड़ाई के आदिवासी नायक : मध्यप्रदेश और छत्तीसगढ़

भारत के स्वतन्त्रता संग्राम में आदिवासियों का योगदान भी कम गौरवशाली नहीं रहा है परन्तु दुर्भाग्यवश उसका लेखाजोखा इतिहास में लुप्तप्रायः ही है। मध्यप्रदेश और छत्तीसगढ़ के वनवासी अंचलों में भी स्वतन्त्रता के संघर्ष की आग धधकी थी। सोनाखान में आदिवासी वीर नारायण सिंह ने सन् 1856 में अंग्रेज़ों के विरुद्ध रणभेरी बजाई थी। बस्तर में इन्द्रावती नदी के तट पर धुखाजाती के गुण्डाधूर ने सन् 1910 में अंग्रेज़ों के खिलाफ मोर्चा खोला था। निमाड़ में भीमा भील ने सन् 1857 में अंग्रेज़ों को सताया था। विभिन्न क्षेत्रों के आदिवासी गीतों में अंग्रेज़ों के अत्याचारों से लेकर उनके विरुद्ध संघर्ष तक की भावना व्यक्त हुई है। एक हलबी लोक-गीत की पंक्तियाँ हैं—

अंग्रेज़राज कंगाल होली
गोटक रूपिया चाउर सोली।

अर्थात्, अंग्रेज़ी राज में हम कंगाल हो गये। एक रुपये में एक सोली चावल कैसे ख़रीदें। एक और गीत में कहा गया है कि जब से फिरंगी राज हो गया है, तब से अच्छा भोजन भी नसीब नहीं होता है।

भीमा नायक

अंग्रेज़ों ने सन् 1857 के स्वतन्त्रता संग्राम का बर्बरतापूर्वक दमन कर दिया था परन्तु निमाड़ के आदिवासियों ने सन् 1861 तक निरंतर संघर्ष को सुलगाये रखा था। पूरे निमाड़ क्षेत्र में क्रान्तिकारियों का ऐसा ज्वार आ गया था कि जिसको शान्त करने के लिए अंग्रेज़ों को गुजरात से 9वीं बंगाल इफ्रैंटी को निमाड़ बुलवाना पड़ा था। विद्रोहियों ने खरगोन में होल्कर सेना से संघर्ष कर हथियार छीन लिए थे। सेंधवा से खानदेश ले जाये जा रहे ब्रिटिश ख़ज़ाने को भी लूट लिया था, जिसमें 2 लाख रुपये थे। अंग्रेज़ अफ़सर आर.एच. केटिंग्स की सैनिक टुकड़ी और भीमा नायक के दल के मध्य बड़वानी-सिलावद मार्ग पर धावा बावड़ी की पहाड़ी घाटी में मुठभेड़ हुई थी।

जब भील क्रान्तिकारियों ने अपनी पराजय होते देखी तो वे जंगल में पलायन कर गये थे। अंग्रेज़ सेना उनका पीछा करती रही। अन्ततः 13 फ़रवरी, 1859 को रामगढ़ दुर्ग के उत्तर में स्थित पंचवावली नामक स्थान पर भीषण भिड़न्त हुई जिसमें भील विद्रोहियों को पराजय का मुख देखना पड़ा। इस संघर्ष में 10 आदिवासी शहीद हो गये और 4 बन्दी बना लिये गये, जिनमें भीमा नायक की वृद्ध माँ सुरसी भी थी। भीमा नायक सुरक्षित भाग निकलने में सफल हो गये। बन्दी बनाये गये चार व्यक्तियों को मण्डलेश्वर दुर्ग के कारावास में रखा गया। भीमा नायक के बारे में जानकारी प्राप्त करने के लिए उनकी माँ को इतना सताया गया कि 15 दिन पश्चात् ही उनका निधन हो गया। इस घटना से क्षुब्ध होकर दुर्ग में बन्द क्रान्तिकारियों ने भाग निकलने की योजना बनायी। 22 अगस्त, 1859 को बरसाती रात में क्रान्तिकारियों ने कारावास पर क़ब्ज़ा कर लिया। वे दुर्ग का पिछला द्वार तोड़कर भाग निकले। वे किले के कोष में रखे 696 रुपये 2 आने 1 पैसा भी अपने साथ में ले गये। उन्होंने अंग्रेज़ कैप्टन हेम्स की हत्या कर दी। जेल से भागे हुए कुछ क्रान्तिकारी बाद में फिर पकड़ लिए गये। उनमें से खजब बुंदिस, शेख़ मोहम्म्द, हाजी ज़मीन, झग्गा, दिलशेर खान, नरसिंह और निहाल आदि को फाँसी पर लटका दिया गया। मायाराम, महबूबउल्ला, गुलाब ख़ाँ, जवाहर सिंह, फुत्ता, कईम ख़ाँ, बहादुर सिंह, नूना, देवी मंजु शाह और सरजुद्दीन ख़ाँ को कालापानी की सज़ा दी गयी। 16 दिसम्बर 1861 को निमाड़ में अंग्रेज़ों के शिविर पर भील आदिवासियों ने आक्रमण कर दिया था, अंग्रेज़ों के 3 सिपाही मारे गये थे और 13 घायल हो गये थे। बाद में अंग्रेज़ों ने बड़वानी के भील विद्रोहियों को बन्दी बना लिया था, जिनमें सुरतियगिर, भवानी शंकर, छोटू, मुस्तान, खुशाल, नाथू सिंह, नीलम और बिसराम नायक सम्मिलित थे। अंग्रेज़ों ने इन सभी को फाँसी पर चढ़ा दिया था। आदिवासी लोक-नायक भीमा के अन्तिम दिनों के बारे में कोई प्रामाणिक जानकारी तो उपलब्ध नहीं है परन्तु ऐसा कहा जाता है कि अंग्रेज़ों ने उन्हें बन्दी बना कर काले पानी की सज़ा दी थी और अण्डमान की पोर्ट ब्लेयर जेल में ही उनकी मृत्यु हो गयी थी।

खाज्या नाईक

भीमा की तरह ही खाज्या नाईक की गौरव-गाथा भी आदिवासी गीतों में आज भी जीवन्त बनी हुई है। खाज्या नाईक ब्रिटिश पुलिस में भर्ती हो गये थे। उन्होने लगभग 20 वर्ष पुलिस की नौकरी की। फिर हत्या के आरोप में उन्हें 40 वर्ष की सज़ा हो गयी थी। अच्छे चाल-चलन के आधार पर खाज्या नाईका को कारावास से मुक्ति मिल गयी थी और उन्हें पुनः नौकरी में ले लिया गया था। खाज्या नाईक अंग्रेज़ों के छल-छद्म को जान गये थे अतः उन्होंने पुलिस की नौकरी को लात मारकर भीमा के साथ भीलों की टोलियों का संगठन किया। अक्राणी के कालू बाबा, मेवास्या नाईक, आनन्द नाईक, भाऊ सिंह रावल और मदाणा के रुमालिया भील भी अपने दल-बल के साथ उनसे आ मिले थे। अरब और मकरानियों ने भी उनका साथ दिया था। सन् 1857 में खाज्या नाईक और भीमा ने बड़वानी में अंग्रेज़ों के हथियार और गोला-बारूद लूट लिया था। दातवाड़ा और सागर खेड़ा को लूटने के पश्चात भीलों ने बीजासन घाट पर टेलीफोन के खम्भे गिरा दिये थे। उन्होंने इन्दौर से बम्बई ले जाये जा रहे अंग्रेज़ों के सात लाख रुपये के ख़ज़ाने को भी अपने अधिकार में ले लिया था। बीजासन घाट पर ही भील विद्रोहियों ने अफीम से भरी 60 गाड़ियों को भी लूट लिया था। उन्होंने सेंधवा और पालसनेर के डाकघरों पर भी डाका डाला था। भील विद्रोहियों ने शिरपुर के बाज़ार में भी लूटपाट की थी। अम्बापानी में भील विद्रोहियों और अंग्रेज़ों के मध्य लोमहर्षक लड़ाई हुई थी। इस लड़ाई में खाज्या नाईक का इकलौता सपूत दौलत सिंह शहीद हो गया था, परन्तु खाज्या को पकड़ पाने में अंग्रेज़ सफल नहीं हो सके थे। बाद में कर्नल जेम्स ने खाज्या नाईक को वार्ता के बहाने बुलाकर छलपूर्वक बन्दी बना लिया था। अंग्रेज़ों ने खाज्या की निर्ममतापूर्वक हत्या कर उनके सर को घरणगाँव में आठ दिन तक नीम के पेड़ पर टाँगकर रखा था।

गुलब्या नाईक

अंग्रेज़ों ने बर्बर दमनचक्र चलाया था, फिर भी देशभक्त भील विद्रोही विचलित नहीं हुए थे। पिपलनेट के गुलब्या नाईक ने सेलबारी घाट में अंग्रेज़ों को बहुत छकाया था। गुलब्या नाईक को भी अंग्रेज़ों ने खाज्या नाईक की तरह छल से पकड़कर मार डाला था। विद्रोही भिलाले घुसिया ने सन् 1886 में अंग्रेज़ों से दसाना में लोहा लिया था। अंग्रेज़ों ने घुसिया नाईक और जगतिया नाईक के साथियों को घूस देकर उन्हें बन्दी बना लिया था। घुसिया नाईक को पहले तो काले पानी की सज़ा सुनायी गयी थी और फिर कातरखेड़ में नर्मदा नदी के तट पर उनके हाथ, पैर और सर में कीलें ठोककर क्रूरतापूर्वक हत्या कर दी थी। दसानावासी आज भी दशहरा पर्व पर घुसिया नाईक के बलिदान का स्मरण करते हैं और डही भगोरिया में उन्हीं के नाम का ढ़ोल सर्वप्रथम बजाया जाता है।

छीतू किराड़

अलीराजपुर रियासत में आदिवासी छीतू किराड़ के पिता चित्तौड़गढ़ से आकर सोरवा में रहने लगे थे। अपनी वीरता और लोकप्रियता के बल पर छीतू किराड़ सोरवा के पटेल बन गये थे। सन् 1881 में भी भीषण अकाल पड़ था, तब छीतू कराड़ा ने अपने साथियों के साथ गोदामों से अनाज लूट कर भूखे भील-भिलालों में बाँट दिया था। उन्होंने नानपुर, छकतला, भाबरा और अलीराजपुर में अनाज के गोदाम लूटे थे। अलीराजपुर की रानी ने बहादुर विद्रोही छीतू को सोने के सिक्के देकर, जागीर देने का प्रलोभन भी दिया था परन्तु स्वाभिमानी छीतू किराड़ा किसी लालच में नहीं फँसे। रानी ने अंग्रेज़ों की सेना बुलवा ली थी। सोरवा के निकट नाहरजिया पहाड़ी पर छीतू किराड़ और उनके साथियों की अंग्रेज़ों से मुठभेड़ हुई थी। इस लड़ाई में छीतू के निकट सहयोगी मकरानी नेता दाद मोहम्मद शहीद हो गये थे। छीतू किराड़ तब तो भागकर कर जाम्बूखेड़ा चले गये थे परन्तु बाद में उन्हें पकड़ लिया गया और जेल में बन्द कर दिया गया।

सतपुड़ा के वनों से घिरी पहाड़ियों और पठारों की आदिवासी जनजातियों ने अप्पा साहब और तात्या टोपे जैसे क्रान्तिकारों को शरण दी थी और उनकी सहायता भी की थी। नवम्बर, 1817 में सीताबर्डी (नागपुर) में हुए संघर्ष में पराजय के पश्चात अप्पा साहब भोंसले और उनके दो मन्त्री नागोपन्त और रामचन्द्र वाघ को बन्दी बना लिया गया। उन्हें सेना के कड़े पहरे में इलाहाबाद की ओर रवाना कर दिया गया। यह दल जबलपुर के पास राचूर पहुँचा। राचूर में रानी उमा बाई द्वारा भेजे गये छह सैनिक कैप्टन ब्राउन की आँखों में धूल झोंककर अप्पा साहब को भगा ले गये। ब्राउन को जब यह पता चला कि अप्पा साहब हरई की ओर जा रहे हैं तब उसने घुड़सवारों के दो दलों को हरई भेजा। हरई के आदिवासियों ने अप्पा साहब का बाल भी बाँका नहीं होने दिया। अंग्रेज़ों ने अप्पा साहब को बन्दी बनाने वाले को दो लाख रुपये का पुरस्कार और वार्षिक 10 हज़ार रुपये की जागीर देने की घोषण भी की परन्तु कोई भी आदिवासी इस लालच में फँसने को तैयार नहीं हुआ। अप्पा साहब महादेव की पहाड़ियों में गोंड आदिवासियों के संरक्षण में सकुशल रहे। वे कुछ समय तक छिन्दवाड़ा में गोंड व कोरकू आदिवासी ज़मींदारों के साथ भी रहे।

चैन शाह और राजबा शाह

आदिवासी गोंड ज़मींदार सोनपुर के चैन शाह और प्रतापगढ़ के जागीरदार राजबा शाह ने अंग्रेज़ों के परम शत्रु अप्पा साहब को केवल प्रश्रय ही नहीं दिया अपितु सैन्य सहायता भी प्रदान की, जिसके कारण उन्हें अंग्रेज़ों का कोप-भाजन भी बनना पड़ा। अंग्रेज़ों ने दोनों आदिवासी ज़मींदारों को बन्दी बना कर चाँदा के कारावास में बन्द कर दिया और बाद में विष देकर मार डाला। चैन शाह और राजबा शाह स्वतन्त्रता संग्राम के प्रथम गोंड बलिदानी कहलाने के अधिकारी हैं। दो वर्ष तक गोंड सरदारों के संरक्षण में रहने के पश्चात् अप्पा साहब ने पंजाब पहुँचकर महाराजा रणजीत सिंह के यहाँ शरण ली। पंजाब में ही 15 जुलाई, 1840 को 44 वर्ष की अवस्था में अप्पा साहब स्वर्ग सिधार गये।

गोंड सरदार महावीर सिंह

सन् 1858 में स्वतन्त्रता संग्राम के महान सेनानी तात्या टोपे छिन्दवाड़ा पहुँचे। उनका नागपुर के भोंसला शासकों से सहायता प्राप्ति का प्रयास निष्फल ही रहा। तब वे हर्राकोट (रावखेड़ी) आ गये, जहाँ के गोंड जागीरदार महावीर सिंह ने उन्हें अपने संरक्षण में सुरक्षित रखा और यथासम्भव सहायता भी की। यह सूचना जब अंग्रेज़ों को प्राप्त हुई, तब उन्होंने एक सन्देशवाहक को छिन्दवाड़ा भेजा परन्तु गोंड सरदार ने उसे तात्या टोपे तक नहीं पहुँचने दिया। बटकखापा के जागीरदार बख़तसिंह ने अपनी ग़द्दारी का परिचय देते हुए तात्या टोपे के ठिकाने के बारे में अंग्रेज़ों को जानकारी दे दी। छिन्दवाड़ा और कामठी की सम्मिलित अंग्रेज़ी सेना ने हर्राकोट को घेर लिया। तात्या टोपे अंग्रेज़ों को चकमा देकर भाग जाने में सफल रहे। अंग्रेज़ों द्वारा हर्राकोट के विद्रोही जागीरदार महावीर सिंह को बन्दी बना लिया गया और उनकी जागीर को राजसात कर लिया गया।

सन् 1857 में संबलपुर, उडीसा के गोंड राजा सुन्दरसाय के आवाहान पर उदयपुर (धर्मजयगढ़) के राजा शिवराज सिंह और बरगढ़खोला के ज़मींदार अजीत सिंह ने अंग्रेज़ों के विरुद्ध विद्रोह कर दिया था। अंग्रेज़ों ने सरगुजा, जशपुर-रायगढ़ और चन्द्रपुर रियासतों की सहायता से छल-कपट करते हुए शिवराज सिंह और अजीत सिंह को बन्दी बना लिया था। अंग्रेज़ों ने पुरस्कार स्वरूप सरगुजा के ग़द्दारराजा को उदयपुर और रायगढ़ के राजा को बरगढ़ खोला की जागीर दे दी थी।

बस्तर में विद्रोह : केसर माँझी और रंगा माँझी

29 फ़रवरी, 1876 को आदिवासी बहुल बस्तर के नरेश भैरम देव, वेल्स के युवराज से मिलने के लिए जगदलपुर से रवाना हुए थे। वे क़रीब 13 कि.मी. दूर ही पहुँचे थे, तभी बड़ा मरोगा में राजा के भारवाहकों और कहारों ने अपने सर और काँधों से बोझा उतार कर आगे बढ़ने से इनकार कर दिया। उन्होंने राजा से कहा—"आप अंग्रेज़ हाकिम से मिलने क्यों जा रहे हैं? अंग्रेज़ साहब आपको वहाँ से लौटने नहीं देगा। सरकारी मुंशी हमें लूटते हैं, तो क्यों नहीं आप अपने बजाय उन्हें वहाँ भेज देते?" आदिवासी प्रजा के इस उत्तर से राजा और दीवान कपूरदार हतप्रभ हो गये। दीवान ने तत्काल कार्रवाई करते हुए 18 व्यक्तियों को बुरंगपाल ले जाकर उन पर कोड़े बरसाये और उन्हें कारावास में बन्द करने के लिए जगदलपुर ले जाने लगे। इसकी सूचना प्राप्त होते ही आदिवासी किसानों ने आक्रमण करके उन 18 व्यक्तियों को मुक्त करा लिया।

राजा भैरम देव ने वेल्स के युवराज से मिलने का विचार त्याग दिया और जगदलपुर की ओर लौट पड़े। राजा को आरापुर में क़रीब डेढ़ हज़ार आदिवासियों का समूह मिला। उन्होंने राजा से दीवान गोपीनाथ और मुंशी अदित प्रसाद की शिकायत की। अदित प्रसाद फ़ौजदारी अदालत का मुखिया भी था। आदिवासियों ने बतलाया कि वे वर्षों से बेगार, अत्याचार और लूट-खसोट के शिकार हो रहे हैं। उन्होंने राजा से पूछा कि उन पर कोड़े क्यों बरसाये गये और उन्हें किस अपराध में जेल भेजा जा रहा था? आदिवासियों ने कहा कि अगर राजा न्याय नहीं करेगा तो प्रजा कहीं ओर जा कर बस जायेगी और राज्य तबाह हो जायेगा।

दीवान ने सिपाहियों को गोली चलाने का आदेश दे दिया। आदिवासियों का समूह बिखर गया। दो आदिवासियों की गोली लगने से मृत्यु हो गयी और छह बुरी तरह से ज़ख़्मी हो गये। आदिवासियों में असन्तोष की अग्नि धधकने लगी। 3 मार्च की शाम जगदलपुर लौटकर राजा ने दुर्ग के चारों कोनों पर तोपें चढ़वा दीं। जगदलपुर तहसील के सातों परगनों के आदिवासियों ने एकत्र होकर माँझियों के नेतृत्व में किले को घेर लिया। सभी आदिवासी अपने हाथों में तीर-कमान लिए हुए थे।

केसर माँझी और रंगा माँझी के नेतृत्व में आदिवासियों ने क़िले को इस तरह घेर लिया था कि राजा के घोड़े और हाथी चरने के बाहर नहीं जा सके। राजा घबरा गया, उसने सिरोंचा (सेंट्रल प्रोविंस) स्थित अंग्रेज़ डिप्टी कमिश्नर और विशाखापट्टनम में गवर्नर के एजेंट को सहायता के लिए पत्र भेज दिये। पत्र मिलने के पश्चात अंग्रेज़ों ने जैपोर पुलिस के 300 मस्केटधारी सैनिक और जैपोर राजा के तलवार और मैचलॉकधारी 250 सैनिक दो अंग्रेज़-अफ़सरों के नेतृत्व में भेज दिये, जो 20 मार्च को जगदलपुर पहुँच गये। आदिवासियों का घेरा तब तक बना हुआ था। अंग्रेज़ों की सेना ने आदिवासियों को निःशस्त्र करने में सफलता प्राप्त कर ली। आदिवासियों ने सौजन्यस्वरूप अंग्रेज़ी फ़ौज को राशन-पानी भी दिया परन्तु घेरा नहीं उठाया। सेना ने नदी के पार डेरा डाल दिया। दोनों पक्ष सिरोंचा से डिप्टी कमिश्नर के आने की प्रतीक्षा करने लगे। अंग्रेज़ शिकार करते हुए अपना समय व्यतीत करते रहे।

5 अप्रैल को डिप्टी कमिश्नर मैक जॉर्ज जगदलपुर पहुँच गया। आदिवासियों ने मैक जॉर्ज से कहा कि उनकी ब्रिटिश सरकार से कोई लड़ाई नहीं है, वे तो केवल यह चाहते हैं कि उन्हें न्याय मिले। मैक जॉर्ज ने दो दिन तक आदिवासियों, राजा और अंग्रेज़ अफ़सरों के पक्ष की सुनवाई की। मैक जॉर्ज के आश्वासन और समझाइश के बाद आदिवासी घेरा हटाकर अपने घरों को लौट गये। इस प्रकार मुरिया आदिवासियों ने एक माह से अधिक समय तक दुर्ग की अहिंसक घेरा बन्दीकर एक नई मिसाल क़ायम की थी। मैक जॉर्ज ने दीवान और मुंशी को अपने पद से हटा दिया, वे दोनों भी मैक जॉर्ज के साथ सिरोंचा चले गये। राजा के मुख्य

सलाहकार लोकनाथ को भी जाना पड़ा क्योंकि अंग्रेज़ों को यह सन्देह था कि आदिवासियों को भड़काने में लोकनाथ की भूमिका भी थी। इस घटना को बस्तर में आदिवासियों का प्रथम सत्याग्रह कहा जा सकता है।

भूमकाल के आदिवासी विद्रोह का नेताः गुण्डाधुर

बस्तर के आदिवासी अंचल में अंग्रेज़ी शासन के विरुद्ध असन्तोष निरन्तर बढ़ता जा रहा था। आदिवासियों से बेगार लेने, लगान में लगातार बढ़ोतरी और पेयजल पर टैक्स आदि आदिवासियों के असन्तोष के कारण बन गये थे। जंगलों को 'रिजर्व फ़ॉरेस्ट' घोषित करने, आदिवासियों द्वारा घरों में शराब बनाने पर प्रतिबन्ध लगाने, बाहर से आये ठेकेदारों, व्यापारियों, पुलिस और अफ़सरों आदि के अत्याचार और शोषण ने भी आदिवासियों को त्रस्त कर रखा था। सन् 1777 के पश्चात बस्तर में बाार-बार विद्रोह की आग भड़कती रही। सबसे उग्र विद्रोह 1910 में हुआ था, जिसे 'भूमकाल' के नाम से जाना जाता है।

22 अक्टूबर, 1909 को दशहरा उत्सव के अवसर पर जगदलपुर में माँझी आदिवासियों की बैठक हुई थी, जिसमें नेतनार के गुण्डाधुर को नेता चुना गया। जैसे सन् 1857 के स्वतन्त्रता संग्राम के आवाहन के लिए रोटी और कमल के फूल का प्रयोग किया गया था, वैसे ही बस्तर में भूमकाल के विद्रोह के प्रचार के लिए लाल मिर्च का प्रयोग किया गया था। गाँव-गाँव में लाल मिर्च, मिट्टी, धनुष-बाण और आम के पेड़ की टहनियाँ पहुँचाकर विद्रोह का प्रचार किया गया। विद्रोह का आरम्भ 6 फ़रवरी, 1910 को हुआ। आदिवासी विद्रोही दीवान पण्डा बैजनाथ को बन्दी बनाना चाहते थे परन्तु वह सुरक्षित भाग निकलने में सफल रहा। विद्रोहियों ने बाज़ार लूट लिये। स्कूलों, थानों और सरकारी भवनों को जला दिया। अनेक बाहरी लोगों और अफ़सरों की हत्या कर दी। 6 से 15 फ़रवरी तक बस्तर विद्रोह की आग में धू-धूकर जलता रहा। दीवान के मातहतों को विद्रोही आदिवासियों ने मार डाला। बस्तर का राजा भयभीत हो गया और उसने अंग्रेज़ अफ़सरों को सेना भेजने के लिए तार कर दिया। 7 फ़रवरी, 1910 को विद्रोहियों के नेता गुण्डाधुर की अध्यक्षता में बैठक हुई, जिसमें आगे की कार्रवाई की योजना बनायी गयी।

आदिवासियों ने गीदम और आसपास के नगरों पर अधिकार कर लिया। बारसूर के नेगी विद्रोह के पक्ष में नहीं थे। आदिवासी नेता केरिया माँझी और जकरापेंदा के नेतृत्व में नेगियों से लड़ाई हुई। विद्रोहियों ने बारसूर पर विजय प्राप्त कर ली। फिर कुटरू नगर को जीत लिया। विद्रोहियों ने दन्तेवाड़ा पर आक्रमण किया, वहाँ के दन्तेश्वरी देवी मन्दिर के पुजारी बलराम जिया ने विद्रोहियों को पराजित कर दिया। 6 से 12 फ़रवरी तक राजमहल को छोड़कर पूरा जगदलपुर नगर विद्रोहियों के अधिकार में रहा। विद्रोह की लपटें अबूझमाड़ तक जा पहुँची। आदिवासी नेता आयतू ने छोटे डोंगर में अपना पराक्रम दिखाया।

12 फ़रवरी, 1910 को अंग्रेज़ी सेना जगदलपुर पहुँच गयी। अंग्रेज़ी सेना ने आतंक और अत्याचार का ताण्डव मचा दिया। कैप्टन डूरी के नेतृत्व में हुई फ़ायरिंग से लगभग 100 विद्रोही मारे गये और अनेक घायल हो गये। विद्रोहियों ने छोटे डोंगर में अनाज लूट लिया। 12 मार्च, 1910 को कमाँडर गेयर के नेतृत्व में अंग्रेज़ों की और बड़ी सेना बस्तर आ गयी।

गेयर की सेना ने 4 गाँव जला दिये और भीषण अत्याचार किये। विद्रोहियों ने अबूझमाड़ में कुतुल के थाने में आग लगा दी। अंग्रेज़ी सेना के सैनिकों ने बड़ी संख्या में आदिवासी युवतियों से बलात्कार किया।

12 फ़रवरी, 1910 को एस.पी. गेयर अपनी सेना के साथ केशकाल की घाटी में पहुँच गया। रायपुर के पुलिस आई.जी. कैप्टन रैंडल के नेतृत्व में और पुलिस बल भेज दिया गया। मद्रास से एक पुलिस दल बस्तर पहुँच गया। कोंड़ा गाँव में पुलिस और विद्रोहियों के मध्य संघर्ष में अंग्रेज़ों की जीत हुई और विद्रोही बिखर गये। फिर गेयर दल-बल सहित जगदलपुर की ओर चल पड़ा। जगदलपुर के पास इन्द्रावती नदी के तट पर आदिवासी विद्रोहियों ने अपने पाँच ख़ेमे गाड़ रखे थे। हज़ारों आदिवासी तीर-कमान लिए हुए लड़ने को तैयार खड़े थे, जिनका नेतृत्व हुंगा माँझी कर रहे थे। इंद्रावती नदी के किनारे छह घण्टे तक विद्रोहियों और अंग्रेज़ों के मध्य भयानक संघर्ष हुआ। अंग्रेज़ों के आधुनिक हथियारों का सामना विद्रोही नहीं कर सके। इस संघर्ष में विद्रोहियों के नेता आयुत, एरका, कोला, कोसा, मासा, रेका, विज्जा, भीमा, डोम, हुंगा, लम्कारोड और वोडी सहित हज़ारों आदिवासी शहीद हो गये। विद्रोहियों के प्रमुख नेता गुण्डाधुर के सर में चोट लगी और वे रण-क्षेत्र छोड़ने के लिए विवश हो गये। शेष बचे विद्रोही भी जंगल में भाग गये।

डि ब्रेट और गेयर ने सेना सहित जगदलपुर में प्रवेश किया। दस दिन के बाद जगदलपुर पर फिर अंग्रेज़ों का अधिकार हो गया। 23 फ़रवरी को नई कुमुक आ गयी। 24 फ़रवरी को 22वीं पंजाबी बटालियन के 70 सैनिकों के साथ ब्लोइस जॉनसन भी जगदलपुर पहुँच गया। कुछ विद्रोहियों में फूट पड़ गयी। विद्रोही नेता सोनू माँझी अंग्रेज़ों से जा मिला और कई गुप्त जानकारियाँ अंग्रेज़ों को दे दी, जिसके कारण अंग्रेज़ों को विद्रोह का पूरी तरह दमन करने का अवसर प्राप्त हो गया।

प्रमुख विद्रोही नेता गुण्डाधुर अपने सर की चोट ठीक होते ही पुनः सक्रिय हो गये। उन्होंने उलनार गाँव में मोर्चा लगाया और निकटस्थ गाँवों को अपने अधिकार में ले लिया। 25 फ़रवरी को अंग्रेज़ी सेना ने उलनार पहाड़ी को घेर कर आक्रमण कर दिया और सैकड़ों विद्रोहियों को बन्दी बना लिया परन्तु विद्रोही नेता गुण्डाधुर अपने सहयोगी डिबरी धूर के साथ

अंग्रेज़ों को चकमा देकर पलायन कर गये। अंग्रेज़ गुण्डाधुर को बन्दी बनाने के लिए बहुत विकल थे। उन्होंने पाँच हज़ार रु. का इनाम भी घोषित किया था परन्तु गुण्डाधुर अन्त तक अंग्रेज़ों की पहुँच से बाहर ही रहे। गुण्डाधुर के शेष जीवन का कोई वृत्रान्त नहीं मिलता है। वे सम्भवतः गुमनामी में ही संसार से विदा हो गये थे। इतिहास गुण्डाधुर के विषय में कोई जानकारी नहीं देता है परन्तु अपने साहस, शौर्य और नेतृत्व क्षमता के कारण वे समग्र बस्तर अंचल में जीवन्त किवदन्ती बन गये हैं। उनके पराक्रम ने उन्हें लोक-नायक का सम्मान प्रदान किया। बस्तर के आदिवासी गीतों में गुण्डाधुर की कीर्ति-कथा और भूमकाल के विद्रोह की गाथा आज भी गायी जाती है।

8 मार्च, 1910 को पुलिस के असिस्टेंट सुप्रिन्टेडेंट जे.ए. ड्यूक ने अपने सिपाहियों के साथ केशकाल घाटी को चारों ओर से घेर लिया। केशकाल की पहाड़ी पर आदिवासी नेता मुकुन्द देव माचमारा और भागी के नेतृत्व में विद्रोहियों ने मोर्चा सँभाल रखा था। ड्यूक ने तीन बार पहाड़ी पर आक्रमण करने का प्रयास किया परन्तु असफल रहा। फिर ड्यूक ने कुछ दूर स्थित दूसरी पहाड़ी पर चढ़कर मशीनगनों से गोलीबारी की परन्तु मनचाहा परिणाम प्राप्त नहीं कर सका। आदिवासी नेता मुकुन्द देव ने केशकाल की पहाड़ी से अपना मोर्चा हटा दिया। वह सड़क के दोनों ओर के गाँवों को लूटता हुआ, अपने साथियों के साथ सुरक्षित ठिकाने पर जा छुपा।

भूमकाल विद्रोह पर नियन्त्रण के पश्चात् अंग्रेज़ों ने दण्ड, दमन और अत्याचारों का पाशविक खेल खेला। विद्रोहियों का समर्थन करने वाले राजा रुद्रप्रताप के चाचा लाल साहब कालीन्द्र सिंह और रानी सुवर्ण कुमारी सहित 15 व्यक्तियों को कारावास की सज़ा देकर बस्तर से बाहर भेज दिया गया। मद्रास लौटते हुए अंग्रेज़ी सेना ने रास्ते में बीजापुर की दोरला युवतियों के साथ बलात्कार किया। जगदलपुर के कई घरों पर छापा मारकर गृहस्वामियों को बन्दी बना लिया गया। राजमाता और राजा की सौतेली माँ को नज़र बन्दकर दिया गया। 78 व्यक्तियों पर अभियोग चला कर उन्हें जेल में डाल दिया गया। गाँव-गाँव में लपलपाते कोड़ों से आदिवासियों की चमड़ी उधेड़ी गयी और युवतियों से बलात्कार किया गया। अनेक गाँवों पर सामूहिक जुर्माना लगाया गया। इसके साथ ही अंग्रेज़ों द्वारा अपने सहयोगियों को अनेक पुरस्कार भी प्रदान किये गये।

जंगल सत्याग्रह : विष्णु सिंह और गंजन सिंह

सन् 1930 के जंगल सत्याग्रह में आदिवासियों ने बढ़-चढ़कर प्रतिभागिता की थी। बैतूल के आदिवासियों ने विद्रोह का सिंहनाद कर दिया था। इस आदिवासी विद्रोह के प्रमुख नेता शाहपुर के निकटस्थ बंजारीढ़ाल के गंजन सिंह कोरकू थे। गंजन सिंह के नाम से अंग्रेज़ काँपते थे और उनकी एक झलक पाने के लिए देशभक्त उमड़ पड़ते थे। गंजन सिंह ने बैतूल में अद्‌भुत संगठन और नेतृत्व का कीर्तिमान क़ायम किया था। गंजनसिंह को गिरफ़्तार करने जब पुलिस बंजारीढ़ाल पहुँची थी तब उसे आदिवासियों के प्रबल प्रतिरोध का सामना करना पड़ा था। वनवासी समुदाय पर पुलिस ने निर्दयतापूर्वक गोलियाँ चलाईं थीं। पुलिस की गोली से कोमा गोंड घटनास्थल पर ही शहीद हो गये थे। गंजन सिंह वीरतापूर्वक पुलिस का घेरा तोड़कर भाग निकले थे। घोड़ा डोंगरी के गोंड सरदार विष्णु सिंह और बंजारीढ़ाल के गंजन सिंह कोरकू की वीरता का बखान आदिवासी गीतों में बहुत हुआ है। एक आदिवासी गीत की पंक्तियाँ हैं–

विष्णु ना मदद ते दाका रो दाई,
घोड़ा डोंगारी दाका रो दाई।
पालाड़ी पाल तड़ा रेयो न अना
पालाड़ी पाल तड़ा रेयो न अना
गंजन ना मददते दाका रो दाई
बुजारीढ़ाल दाका रो दाई।

इन पंक्तियों का भावार्थ है—“हे माँ, मुझे सरदार विष्णु सिंह की मदद के लिए जाना है। हे माँ, मुझे गंजन सिंह की मदद के लिए जाना है इसलिए हे माँ, तुम मुझे सीधा बाँध दो।”

21 जनवरी, 1939 को डोंगरगढ़ के पास बदरा टोला में निहत्थे आदिवासी सत्याग्रहियों पर रियासती पुलिस ने गोलियाँ बरसायी थीं। पुलिस की गोली लगने से रामधीन गोंड शहीद हो गये थे। इस घटना से आदिवासियों के मन में आक्रोश भर गया था। आक्रोश का यह ज्वालामुखी फटता, इसके पहले ही वर्धा से महात्मा गाँधी का तार मिलने के कारण आदिवासी शान्त हो गये। सन् 1930 में दो सौ से अधिक आदिवासियों ने पानबरस, चौकी मोहला, मानपुर और खुजजी में मादक द्रव्यों की बिक्री का विरोध करते हुए धरना दिया था। धरने के समय अनेक आदिवासी नेता बन्दी बना लिये गये थे, जिनमें अधिकांश हलबा गोंड आदिवासी थे। सन् 1942 के ‘भारत छोड़ो आन्दोलन’ में आदिवासी नेता ठाकुरराम को पुलिस ने गिरफ़्तार कर लिया था और जेल में उनकी मृत्यु हो गयी थी। सन् 1937 से 1940 तक डोली लोहारा के आदिवासियों ने ज़मींदार के विरुद्ध सफल सत्याग्रह किया था।

दिव्यांग क्रान्तिकारी : चारुचन्द्र बोस

क्षीणकाय और दुर्बल दिखने वाले चारुचन्द्र बोस जन्मजात दिव्यांग थे। उनके दाहिने हाथ में हथेली और उँगलियाँ नहीं थीं। उनके सर पर किसी का साया भी नहीं था। वे छापेख़ाने में एक हाथ से काम करके अपना भरण-पोषण करते थे। चारुचन्द्र बोस के मन में देशभक्ति की लहरें मचलती रहती थीं।

अलीपुर का सरकारी वकील आशुतोष विश्वास क्रान्तिकारियों को बन्दी बनवाने, उनके विरुद्ध असत्य साक्ष्य प्रस्तुत करने और उन्हें कठोर दण्ड दिलवाने के लिए कुख्यात था। क्रान्तिकारी चारुचन्द्र बोस, सरकारी वकील आशुतोष विश्वास को मौत के घाट उतारना चाहते थे। उन्होंने किसी तरह एक पिस्तौल प्राप्त कर ली और जंगल में जाकर निशाना साधने का अभ्यास किया। ।

10 फ़रवरी, 1909 के दिन आशुतोष विश्वास जैसे ही न्यायालय से बाहर निकला, सुकुमार चारूचन्द्र बोस ने उसे अपनी गोली का निशाना बना लिया। गोली लगने के पश्चात आशुतोष ने भागने का प्रयास किया परन्तु चारुचन्द्र ने दौड़कर उसे दबोच लिया और दूसरी गोली दाग दी। चक्राकार घूमता हुआ आशुतोष धडाम से धरती पर लुढ़क गया। प्रत्यक्षदर्शियों ने देखा कि चारुचन्द्र बोस ने अपने हथेली विहीन हाथ में रस्सी से पिस्तौल बाँध रखी थी और दूसरे हाथ से वे पिस्तौल का घोड़ा दबा रहे थे। एक सिपाही ने दौड़कर चारुचन्द्र को पीछे से दबोच लिया। चारुचन्द्र ने सिपाही पर भी गोली दागी परन्तु उनका निशाना चूक गया।

तब तक एक और सिपाही भी आ गया। दोनों सिपाहियों ने मिलकर चारुचन्द्र को जकड़ लिया।

क्रान्तिकारी चारुचन्द्र बोस पर मुक़दमा चलाया गया। न्यायालय ने उन्हें फाँसी की सज़ा सुनायी। अलीपुर के केन्द्रीय कारागार में 19 मार्च, 1909 को वीर और साहसी क्रान्तिकारी चारुचन्द्र बोस को फाँसी दी गयी। फाँसी के तख़्ते पर ले जाये जाने पर चारुचन्द्र ने अपने मुख पर विजयी मुस्कान के साथ स्वयं फाँसी का फन्दा गले में पहन लिया था।

आत्मबलिदानी क्रान्तिकारी : वांची अय्यर

टिन्नेबैली का अंग्रेज़ कलेक्टर ऐन बहुत निर्दयी था। वह स्वाधीनता संग्राम के सेनानियों पर बड़े ज़ुल्म करता था। उसने क्रान्तिकारी चिदम्बरम् पिल्ले और सुब्रहमण्यम शिव को लम्बी सजाएँ दिलवायी थीं। दक्षिण भारत के क्रान्तिकारियों ने 'भारत माता संघ' का गठन किया था। इस संघ के सदस्य क्रान्तिकारी वांची अय्यर ने कलेक्टर रॉबर्ट विलियम ऐश की हत्या करने का संकल्प किया। वांची ने कलेक्टर को लिखित चेतावनी भेज दी—"भारत माता संघ के हम सदस्यगण आपको चेतावनी देते हैं कि आप हम क्रान्तिकारियों के प्रति अपनी दमन-नीति का परित्याग कर दें, अन्यथा हम आपके धड़ से आपके सर को अलग करके उसके टुकड़े-टुकड़े कर देंगे।"

चेतावनी भरा पत्र पाकर कलेक्टर और अन्य अंग्रेज़ अफ़सर भयभीत और चौकन्ने हो गये। उन्होंने अपनी सुरक्षा के प्रबन्ध और कड़े कर दिये। 17 जून, 1911 को प्रातः 11 बजे कलेक्टर ऐश अपनी पत्नी के साथ टिन्नेवाली से आने वाली ट्रेन से मयांची रेलवे स्टेशन पर उतरा। उनके साथ अर्दली भी था। उन्हें ड्यूटी कोरिन जाने वाली वोट मेल की प्रतीक्षा करनी थी। वे प्लेटफॉर्म पर खड़ी एक ट्रेन के प्रथम श्रेणी डब्बे में अपनी पत्नी के साथ बैठ गये और अख़बार पढ़ने लगे। क्रान्तिकारी वांची अय्यर फुर्ती से आये और दो गोलियाँ कलेक्टर पर दाग़ दीं। ऐश नीचे लुढ़क गया। उसे अस्पताल ले जाया गया, जहाँ उसकी मृत्यु हो गयी। वांची अय्यर ने

कलेक्टर की हत्या करने के पश्चात यात्री विश्रामगृह में पहुँचकर अपने गले में गोली मारकर आत्मबलिदान दे दिया।

क्रान्तिकारी वांची अय्यर की जेब से पुलिस को एक पत्र प्राप्त हुआ था, जिसमें तमिल भाषा में लिखा था—"इस पुण्यभूमि पर राम, कृष्ण, शिवाजी और गोविन्द सिंह राज कर चुके हैं, उन लोगों ने प्रत्येक धर्म की रक्षा की थी। ब्रिटिश लोग इसी भारत में म्लेच्छ जॉर्ज पंचम की ताज़पोशी करने जा रहे हैं। अतएव प्रत्येक भारतवासी अंग्रेज़ों को भारत से भगाकर स्वराज्य की स्थापना करने के लिए प्रयत्नशील है।"

'तूफ़ानी बहन' भारत की 'जॉन ऑफ़ आर्क' : सत्यवती देवी

स्वतन्त्रता सेनानी सत्यवती देवी की सक्रियता में तूफ़ानी आवेग था। महात्मा गाँधी उन्हें 'तूफ़ानी' कह कर सम्बोधित करते थे। आज़ादी के आन्दोलन में वे 'तूफ़ानी बहन' के नाम से मशहूर हो गयी थीं। उन्हें भारत की 'जॉन ऑफ़ आर्क' भी कहा जाता था। दिल्ली में महिला जागृति का श्रेय सत्यवती देवी को ही प्राप्त है।

सत्यवती देवी का जन्म 26 जनवरी, 1906 को जालन्धर, पंजाब में हुआ था। वे कांग्रेस के प्रख्यात नेता स्वामी श्रद्धानन्द की नातिन थीं। उनके पिता धनीराम थे। उनकी माँ वेदकुमारी महात्मा गाँधी की अनुयायी और अहिंसा की पुजारिन थीं। दिल्ली कपड़ा मिल के अधिकारी वीरभद्र से विवाह होने पर सत्यवती सन् 1922 में दिल्ली आ गयी थीं।

दिल्ली में सत्यवती ने कपड़ा मिल के श्रमिकों के जीवन-संघर्ष और उनकी समस्याओं को निकट से जाना और इस दौरान ही उनके मन में सामाजिक आन्दोलन की पीठिका तैयार हो गयी। सत्यवती दिल्ली में कांग्रेस के नेताओं के निकट सम्पर्क में आयीं। वे साम्यवादी विचारों से प्रभावित हुईं। वे ईश्वरीय सत्ता में विश्वास नहीं करती थीं। उन्होंने दुर्गा देवी और कौशल्या देवी के साथ दिल्ली की महिलाओं में जागृति लाने और सत्याग्रह अभियान से जोड़ने के लिए अथक प्रयास किये। उनकी कोशिशें रंग लाईं और महिलाएँ घरों से निकलकर लाठीचार्ज और मारपीट का सामना करने लगीं। सत्यवती ने 'कांग्रेस महिला समाज' और 'कांग्रेस सेवादल' की स्थापना की।

वे 'कांग्रेस सोशलिस्ट दल' की संस्थापकों में से एक थीं। वे अत्यन्त प्रभावी वक्ता थीं। उनके भाषणों में ग़ज़ब का सम्मोहन होता था। महिलाओं के साथ ही विद्यार्थियों के मध्य वे अत्यन्त लोकप्रिय हो गयी थीं। उनके आवाहन पर हिन्दू कॉलेज और इन्द्रप्रस्थ कन्या हाई स्कूल के विद्यार्थी आगे आये, जिन्होंने सार्वजनिक प्रदर्शन में सम्मिलित होने के लिए ग्रहणियों के समूह गठित किये।

सत्यवती ने दिल्ली के श्रमिकों में जागृति लाने और उन्हें संगठित करने के विशेष प्रयास किये। उन्हें दिल्ली की प्रथम महिला सत्याग्राही होने का गौरव प्राप्त हुआ। गाँधी जी ने जब नमक सत्याग्रह आरम्भ किया तो सत्यावती ने अपने सहयोगियों के साथ शाहदरा में नमक बनाकर उसके पैकेट वितरित करने का काम 10 दिनों तक किया। यह दिल्ली में सविनय अवज्ञा आन्दोलन का आरम्भ था। सत्यवती ने देश-भर में दौरा कर श्रमिकों और किसानों को संगठित करने का अभियान चलाया। सन् 1932 में अंग्रेज़ों ने उन्हें बन्दी बनाकर 11 दिन के बेटे के साथ दो वर्ष के लिए कारावास में भेज दिया। वे 11 बार जेल गयी थीं। निरन्तर आन्दोलन में भाग लेने और कारावास की यातनाओं के कारण सत्यवती का शरीर जर्जर हो गया था। वे पल्यूरेसी और क्षय रोग से ग्रस्त हो गयी थीं। अंग्रेज़ों ने उनसे कहा कि वे राजनीतिक आन्दोलन से दूर रहने और अच्छा व्यवहार रखने के 'वचन-पत्र' पर हस्ताक्षर करके कारावास से मुक्ति पाकर अपना उपचार करा सकती हैं। स्वाभिमानी सत्यावती ने दृढ़तापूर्वक ऐसा करने से इनकार कर दिया था। अपने बेटे के निधन से उन्हें गहरा सदमा लगा था पर वे अपने संघर्ष से विचलित नहीं हुईं। उनका स्वास्थय अधिक बिगड़ने पर ब्रिटिश शासन ने नज़रबन्दी में उनका उपचार कराना शुरू किया। उनके तीन ऑपरेशन हुए। सत्यवती सभी पाबन्दियों को तोड़ते हुए 4 फ़रवरी को लाहौर से दिल्ली के लिए रवाना हुईं। फ्रांटियर मेल से जब वे 15 फ़रवरी को दिल्ली पहुँची तब उनका शरीर बुख़ार से तप रहा था। क्रूर ब्रिटिश हुकूमत ने इस हालत में ही उन्हें दिल्ली रेलवे स्टेशन से बन्दी बनाकर फिर जेल भेज दिया था।

उनकी कारावास में लिखी गयी कविता 'बहन सत्यवती का जेल-सन्देश' बहुत प्रसिद्ध हुई थी। अरुणा आसफ़ अली जैसी नेता सत्यवती से प्रेरणा प्राप्त कर ही स्वाधीनता आन्दोलन में सम्मिलित हुई थीं।

21 अक्टूबर, 1945 को 41 वर्ष की अल्प आयु में ही महान स्वतन्त्रता सेनानी सत्यवती देवी के प्रेरक जीवन का पटाक्षेप हो गया था। सन् 1972 में दिल्ली सरकार ने उनकी पावन स्मृति में सत्यवती महाविद्यालय की स्थापना की थी।

जो कहते थे, उसे सच कर दिखाया : धन्ना सिंह

बब्बर अकाली दल के सदस्य धन्ना सिंह ऊँची क़द-काठी वाले दिलेर क्रान्तिकारी थे। उनका यह विश्वास था कि स्वतन्त्रता के लिए किये जाने वाले प्रयास देशद्रोहियों के कारण ही निष्फल हो जाते हैं इसलिए वे देशद्रोहियों को दण्डित करने के लिए हमेशा तत्पर रहते थे। धन्ना सिंह कहा करते थे कि पुलिस मुझे जीवित बन्दी नहीं बना सकती और मैं दो-चार को मारकर ही शहादत प्राप्त करूँगा।

अर्जुन सिंह नामका एक देशद्रोही पटवारी अकालियों को बहुत हानि पहुँचाता था अतः धन्ना सिंह ने उसे मौत के घाट उतार दिया। 10 फ़रवरी 1923 को धन्ना सिंह ने अपने साथियों के साथ रानी थाना के जेलदार विशन सिंह का भी काम तमाम कर दिया। पुलिस के शिकन्जे में अकालियों को फँसाने वाले नम्बरदार बूटा सिंह की हत्या करने वालों में भी धन्ना सिंह सम्मिलित रहे थे। 19 मार्च, 1923 को धन्ना सिंह ने अपने साथियों के साथ देशद्रोही मिस्त्री लाभ सिंह को भी नरक का रास्ता दिखा दिया था। धन्ना सिंह, कर्म सिंह और उदय सिंह ने बदबलपुर के देशद्रोही हज़ारा सिंह के प्राण भी ले लिए थे।

बब्बर अकाली दल के युवा सदस्य दलीप सिंह को पुलिस ने बन्दी बना लिया था। क्रान्तिकारियों को यह सन्देह था कि दलीप सिंह को गिरफ़्तार कराने में ज्वाला सिंह का हाथ था। धन्ना सिंह पूछताछ के लिए ज्वाला सिंह के पास जा पहुँचे। ज्वाला सिंह ने बार-बार क़समें खाकर स्वयं को निर्दोष बतलाया। ज्वाला सिंह ने धन्ना सिंह को बन्दी बनाने का जाल बुन दिया।

उसने धन्ना सिंह को यह कहकर गन्ने के खेत में बैठा दिया कि आसपास पुलिस उनकी तलाश में घूम रही है। ज्वाला सिंह ने धन्ना सिंह के गन्ने के खेत में होने की सूचना पुलिस को दे दी। पुलिस को लगा कि गन्ने के खेत में धन्ना सिंह को पकड़ पाना बड़ी टेढ़ी खीर होगा। पुलिस ने ज्वाला सिंह से कहा कि मानहना गाँव का कर्म सिंह, धन्ना सिंह का विश्वस्त व्यक्ति है, धन्ना सिंह को उसी के घर में ठहरा दो। ज्वाला सिंह ने ऐसा ही किया।

पुलिस ने 25 अक्टूबर की रात में कर्म सिंह के घर को घेर लिया। चालीस पुलिस वालों ने धन्ना सिंह को पकड़ने का प्रयास किया। धन्ना सिंह अपना रिवॉल्वर निकाल ही रहे थे तभी थानेदार गुलजार सिंह ने लाठी से उन पर एक ज़ोरदार प्रहार कर दिया। धन्ना सिंह सँभल पाते इसके पहले ही कई सिपाहियों ने उन्हें वश में कर लिया और हाथ-पैरों में हथकड़ी, बेड़ी डाल दी। उनका रिवॉल्वर भी पुलिस ने छीन लिया। पुलिस को लगा कि उनके पास यही एक हथियार था इसलिए तलाशी नहीं ली। वास्तव में, धन्ना सिंह ने अपनी कमर में एक बम छुपा रखा था।

एक सिपाही ने धन्ना सिंह से व्यंग्यपूर्वक कहा—"आप तो बड़ी शान कहते थे कि कोई मुझे जीवित गिरफ़्तार नहीं कर सकता। अब क्या कहना है आपका?" स्वाभिमानी धन्ना सिंह से यह व्यंग्य-बाण सहन नहीं हुआ और उन्होंने कोहनी से कमर में खुसे बम पर ज़ोर से झटका मारा। बम फट गया। बम के धमाके से स्वयं धन्ना सिंह तो शहीद हो ही गये, इसके साथ ही अंग्रेज़ पुलिस सुपरिंटेंडेंट हार्टन भी पाँच सिपाहियों के साथ मारा गया।

एक और अभिमन्यु : हरिगोपाल बल

हरिगोपाल बल ने अपनी आयु के 14वें वर्ष में प्रवेश किया था। वे चटगाँव के हाईस्कूल में नौवीं कक्षा के छात्र थे। वे और उनके बड़े भाई लोकनाथ बल प्रसिद्ध क्रान्तिकारी सूर्य सेन के क्रान्तिकारी दल के सदस्य थे। हरिगोपाल बहुत चंचल और उग्र स्वभाव के थे। क्रान्तिकारी दल में सब हरिगोपाल को 'टेगरा' कहते थे। सूर्य सेन ने चटगाँव के शस्त्रागार को लूटने की योजना बनायी तो उसमें 64 क्रान्तिकारी युवकों को सम्मिलित किया गया। इन युवकों में हरिगोपाल का नाम नहीं था। हरिगोपाल का मन इस बात से व्यग्र हो गया और वे अभियान में सम्मिलित होने के लिए आतुर हो उठे।

18 अप्रेल, 1930 की शाम जब बड़े भाई लोकनाथ सैनिक जैसी पोशाक पहन कर घर से निकले, तब हरिगोपाल चुपचाप उनका अनुसरण करने लगे। लोकनाथ निज़ाम पलटन के अहाते में पहुँच गये और हरिगोपाल भी। सूर्य सेन ने हरिगोपाल को देखते ही लोकनाथ से उन्हें साथ लाने का कारण पूछा। लोकनाथ के कुछ कहने से पहले ही हरिपद ने कहा—"मुझे भैय्या अपने साथ नहीं लाये हैं। मैं स्वयं ही इनका पीछा करते हुए यहाँ आया हूँ।"

सूर्य सेन ने कहा—"तुमने क्रान्तिकारी दल का अनुशासन तोड़ा है। इसके लिए तुम्हें मौत की सज़ा दी जा सकती है।" हरिगोपाल ने उत्तर दिया—"मुझे अभियान में सम्मिलित नहीं किया गया, यह सरासर मेरा अपमान है। मैं यहाँ आ गया, इसके लिए यदि आप मुझे मृत्युदण्ड देना चाहते हैं तो मैं इसके लिए तैयार हूँ।"

सूर्य सेन ने लोकनाथ से प्रश्न किया—"यदि मैं तुम्हें अपने भाई को गोली मारने का आदेश दूँ, तो क्या तुम ऐसा कर सकोगे?" लोकनाथ ने उत्तर दिया—"मैं अपने नेता के आदेश का अवश्य ही पालन करूँगा।" लोकनाथ बोले—"तुम दोनों भाई परीक्षा में खरे उतरे। मेरा निर्णय है कि हरिगोपाल भी अभियान में सम्मिलित रहेगा।" इतना सुनते ही हरिगोपाल का मन प्रसन्न हो गया।

क्रान्तिकारी दल ने आक्रमण कर शस्त्रागार को लूट लिया। लूट के पश्चात् 50 क्रान्तिकारी जलालाबाद की पहाड़ी पर चढ़ गये और शेष क्रान्तिकारियों ने चटगाँव का प्रशासन अपने अधिकार में ले लिया। 22 अप्रैल, 1930 को अंग्रेज़ी सेना से भरी एक ट्रेन चटगाँव पहुँच गयी। सेना ने जलालाबाद की पहाड़ी को घेर लिया और शाम पाँच बजे अंग्रेज़ी सेना और क्रान्तिकारी दल के मध्य संघर्ष आरम्भ हो गया। सूर्य सेन स्वयं संघर्ष में सम्मिलित थे परन्तु क्रान्तिकारी दल का नेतृत्व उन्होंने लोकनाथ को सौंप दिया था।

हरिगोपाल ने बड़े उत्साह के साथ अंग्रेज़ों से संघर्ष किया। वे रेंगते हुए अंग्रेज़ सेना के निकट जा पहुँचे और दनादन गोलियाँ चलाने लगे। सेना के पहले सैनिक की हत्या हरिगोपाल द्वारा ही की गयी, इस बात से उनका जोश और बढ़ गया। उन्होंने छह शत्रु सैनिकों का संहार कर दिया। सैनिकों ने हरिगोपाल को अभिमन्यु की तरह घेर कर गोलियाँ बरसाना आरम्भ कर दिया। हरिगोपाल एक गोली के शिकार हो गये और उनके हाथ से बन्दूक गिर गयी। यह देखकर लोकनाथ अपने भाई को सँभालने के लिए आगे बढ़ने लगे तब हरिगोपाल ने कहा—"भैय्या यह समय मुझे सम्हालने का नहीं, संघर्ष करने का है। आप अधिक से अधिक शत्रुओं को मारकर मेरी मौत का बदला लें।" अपने भाई के बलिदान से आक्रोशित लोकनाथ ने और अधिक आवेश में संघर्ष करते हुए कई सैनिकों का संहार कर दिया। तब तक अँधेरा हो जाने के कारण दोनों ओर से गोली चलाना बन्द हो गया। अँधेरे का फायदा उठाकर क्रान्तिकारी खिसककर दूसरी पहाड़ी पर पहुँच गये। लोकनाथ को अपने भाई के बिछुड़ने का बहुत शोक था परन्तु इस बात का गर्व भी था कि सबसे अधिक शत्रुओं के प्राण हरिगोपाल ने ही लिए थे।

यह कटार ही मेरी सच्ची सहधर्मिणी है : यशवन्त सिंह

विवाह के पश्चात प्रथम मिलन में नववधू ने यशवन्त सिंह से कहा—"आप जैसा पति प्राप्त करना मेरे लिए बड़े सौभाग्य की बात है।" यशवन्त सिंह ने कहा—"मैं कह नहीं सकता कि मुझ जैसा पति पाना तुम्हारा सौभाग्य है या दुर्भाग्य क्योंकि मेरी एक शादी पहले भी हो चुकी है।" नववधू ने प्रश्न किया—"क्या आपकी पहली पत्नी जीवित है?" यशवन्त सिंह ने कहा—"हाँ, है। वह इस समय भी मेरे साथ है। उसका और मेरा साथ कभी छूट नहीं सकता।" यह कहते हुए अपने कमर में लटकी हुई कटार दिखा कर कहा—"यह कटार ही मेरी सच्ची सहधर्मिणी है।" नववधू ने फिर प्रश्न किया—"मेरी क्या स्थिति रहेगी?" यशवन्त बोले—"मेरा सहवास तुम्हें नहीं मिलेगा, वैसे तुम चाहो तो इस घर में रह सकती हो।" नववधू ने पूछा—"यदि आप मेरा साथ नहीं निभा सकते थे तो आपने मुझसे शादी ही क्यों की?" यशवन्त ने उत्तर दिया—"यह तुम अपने पिताजी से पूछो। मेरी इच्छा नहीं होने पर भी उन्होंने मेरे साथ तुम्हारी शादी करा दी। हम दोनों एक साथ नहीं रह सकेंगे। मैं क्रान्तिकारी हूँ। मेरा कर्त्तव्य मुझे पुकार रहा है और मैं जा रहा हूँ।" यह कहकर यशवन्त सिंह घर छोड़ कर चले गये।

कुछ समय पश्चात् ही यशवन्त सिंह की पत्नी संसार को छोड़ गयीं। यशवन्त सिंह ने पत्नी की चिता की भस्म हाथ में लेकर कहा—"तुम मुझसे अधिक सौभाग्यशाली हो, जो मुझसे पहले ही चली गयीं। वह दिन दूर नहीं, जब मैं तुमसे आकर मिलूँगा।"

यशवन्त सिंह भुसावल (महाराष्ट्र) में रेलवे की नौकरी में मैबिन मेन थे और गुप्त रूप से क्रान्तिकारी गतिविधियों में सम्मिलित रहते थे। उनका जन्म 27 जुलाई, 1909 को सागर में हुआ था। उन्होंने दमोह के म्यूनिसिपल स्कूल में शिक्षा प्राप्त की थी। उनके पिता का नाम नन्हू सिंह था। अमर शहीद चन्द्रशेखर आज़ाद और भगत सिंह के बलिदान से प्रेरणा लेकर वे क्रान्तिकारी बन गये थे। उनके मित्र देवनारायण तिवारी और दलपत राव क्रान्तिकारी गतिविधियों में उनके सहयोगी थे। तीनों मिलकर क्रान्तिकारी साहित्य का वितरण करते थे। यह सामाग्री यशवन्त सिंह के पास आती थी और उनसे सामाग्री लेकर दलपत राव उसका वितरण करते थे।

तीनों क्रान्तिकारी मित्रों को सूचना प्राप्त हुई कि 23 जुलाई, 1931 की रात लेफ़्टिनेंट हेक्स पंजाब मेल से यात्रा कर रहा है और उसके पास एक अच्छे किस्म की राइफ़ल है। तीनों ने हेक्स से राइफ़ल छीनने का निश्चय कर लिया। तीनों 23 जुलाई को खण्डवा स्टेशन से प्रथम श्रेणी का टिकिट लेकर पंजाब मेल के उसी डब्बे में बैठ गये, जिसमें हेक्स यात्रा कर रहा था। डब्बे में एक और अंग्रेज़ लेफ़्टिनेंट शीहन भी था। हेक्स के साथ एक कुत्ता भी था।

पंजाब मेल डोंगर गाँव और माँडवा के बीच तीव्र गति से दौड़ रही थी। दोनों अंग्रेज़ निद्रा में निमग्न थे। सुबह चार बजे के क़रीब यशवन्त सिंह और देवनारायण ने अपनी कटारों से हैक्स पर हमला कर दिया। कुत्ते के भौंकने से दूसरा अंग्रेज़ शीहन जाग गया और हैक्स को बचाने के लिए लपका तो दलपत राव ने अपनी कटार से उस पर वार किया। शीहन ने कटार को अपने हाथ से पकड़ लिया। झूमाझटकी में कटार टूट गयी। धार वाली कटार शीहन के हाथ में आ गयी और उसकी मूठ दलपत राव के हाथ में रह गयी। शीहन ने कटार से दलपत राव पर वार किया और लाइट जलाकर ट्रेन रोकने के लिए ज़ंज़ीर खींच दी। ट्रेन की गति कम होते ही तीनों क्रान्तिकारी फुर्ती से कूदकर हैक्स की राइफ़ल सहित जंगल में भाग गये। हेक्स को अस्पताल ले जाया गया, जहाँ उसकी मौत हो गयी।

कुछ दिनों पश्चात तीनों क्रान्तिकारी बन्दी बना लिए गये। 10 अगस्त, 1931 को खण्डवा के न्यायालय में मुकदमा आरम्भ हुआ। 21 दिसम्बर, 1931 को यशवन्त सिंह और देवनारायण तिवारी को मृत्युदण्ड और दलपत

राव को आजन्म कारावास की सज़ा सुनायी गयी। 12 दिसम्बर, 1931 को साहसी क्रान्तिकारी यशवन्त सिंह और देवनारायण तिवारी को जबलपुर के केन्द्रीय कारागार में फाँसी दे दी गयी।

प्रतिशोध की आग में धधकता अंगारा : विनय बोस

बंगाल का पुलिस महानिरीक्षक एम.जे. लोमैन दमनकारी नीतियों के कारण क्रान्तिकारियों की आँखों का शूल बन गया था। 29 अगस्त, 1930 को उसके ढ़ाका पहुँचने का कार्यक्रम था। क्रान्तिकारियों ने उसे मौत के मुँह में धकेल देने का निर्णय किया और यह दायित्व फुर्तीले और बहादुर क्रान्तिकारी विनय बोस को दे दिया गया।

29 अगस्त, 1930 को लोमैन ढ़ाका पहुँचा और वहाँ के पुलिस सुपरिटेंडेंट हॉडसन को साथ लेकर मिटफोर्ड अस्पताल गया। अस्पताल में नारायणगंज की जेल पुलिस का बीमार सुपरिटेंडेंट भर्त्ती था, जिसे देखने लोमैन वहाँ गया था। सुबह सवा नौ बजे लोमैन अस्पताल के अहाते में हॉडसन से बात कर रहा था, तभी विनय बोस आँधी की तरह वहाँ पहुँचे। उन्होंने पचास फ़ीट दूर से पाँच गोलियाँ चलायीं और तूफ़ान की तरह वहाँ से चले गये। उनकी पाँचों गोलियाँ निशाने पर लगी थीं। तीन गोलियाँ हॉडसन को लगी थीं और दो गोलियाँ का शिकार लोमैन हुआ था।

विनय बोस जब भाग रहे थे, तब एक व्यक्ति ने उन्हें पकड़ने का प्रयास किया था परन्तु वे उसे तेज़ झटका देकर दौड़ पड़े थे। वे अस्पताल के अहाते की दीवार तक जा पहुँचे। दीवार विनय के सीने तक की ऊँचाई की थी। उनके रिवॉल्वर में एक गोली शेष थी, जिसे चलाकर उन्होंने पीछा करने वालों को भयभीत कर दिया और ख़ाली रिवाल्वर को वहीं फेंक दिया। अपने जूते उतारकर उन्हें भी वहीं छोड़ दिया। फिर विनय छलाँग लगाकर दीवार पर चढ़ गये और दूसरी ओर कूदकर भागने लगे।

उन्होंने अपनी दूसरी रिवॉल्वर निकाल ली। कुछ लोग अब भी उनका पीछा कर रहे थे, विनय गोली चलाकर उन्हें धमकाते हुए निकल गये। दो दिन बाद 31 अगस्त, 1930 को उसी अस्पताल में पुलिस महानिरीक्षक की मौत हो गयी।

पुलिस ने बहुत दौड़-भाग की पर वह लोमैन के हत्यारे का कोई सुराग़ नहीं पा सकी। पुलिस ने खिसियाहट में मेडिकल हॉस्टल के छात्रों पर यह आरोप लगाया कि उन्होंने हत्यारे की भागने में सहायता की थी। पचास छात्रों को पकड़कर पुलिस ने उनकी इतनी पिटाई की कि उन्हें अस्पताल में भर्ती करना पड़ा।

लगभग 4 माह पश्चात 8 दिसम्बर, 1930 को दोपहर साढ़े बारह बजे विनय बोस ने अपने क्रान्तिकारी साथी सुधीर गुप्त और दिनेश गुप्त के साथ जेल महानिरीक्षक एन.एस. सिम्पसन की राइटर्स बिल्ड़िंग में हत्या कर दी। विनय बोस ज़ख़्मी हो गये थे, उन्हें जेल के अस्पताल में भर्ती किया गया। अस्पताल में मजिस्ट्रेट को बयान देते हुए विनय बोस ने यह रहस्य उजागर कर दिया कि पुलिस महानिरीक्षक लोमैन की हत्या भी उन्होंने ही की थी। 13 दिसम्बर, 1930 को क्रान्तिवीर विनय बोस स्वर्ग सिधार गये।

15 वर्षीय क्रान्तिकारी किशोर : हरिपद भट्टाचार्य

हरिपद भट्टाचार्य केवल 15 वर्ष के कोमलकान्त परन्तु बहादुर और साहसी किशोर थे। चटगाँव शस्त्रागार काण्ड की आड़ लेकर पुलिस द्वारा क्रान्तिकारियों और आमजनों पर जो अत्याचार किये जा रहे थे, उनसे देशभक्त हरिपद का मन बहुत आक्रोशित था। उन्होंने एक दिन अपने मास्टर दा प्रसिद्ध क्रान्तिकारी सूर्य सेन से कहा—"मास्टर दा, यह जो पुलिस इंस्पेक्टर ख़ान बहादुर असनुल्ला हम क्रान्तिकारियों का दमन करने में आनन्द ले रहा है, वह अब अधिक सहन करने योग्य नहीं है। यदि आप आज्ञा दें तो मैं उसे ठिकाने लगा दूँ।"

सूर्य सेन ने हरिपद का प्रस्ताव स्वीकार कर लिया और उन्हें एक अच्छा रिवाल्वर देकर निशानेबाज़ी का अभ्यास भी करा दिया। पुलिस इंस्पेक्टर असनुल्ला फुटबाल खेलने का बहुत रसिया था। 30 अगस्त 1931 को असनुल्ला की टाउन क्लब टीम और कोहिनूर टीम के मध्य रेलवे कप प्रतियोगिता के लिए फ़ुटबाल मैच हुआ। मैच में टाउन क्लब की टीम के विजयी हो जाने पर असनुल्ला ख़ाँ मैदान में ख़ुशी से उछल रहा था। उसके आसपास बधाई देने वालों का ताँता लगा हुआ था। इस अवसर का लाभ उठाते हुए हरिपद उसके बिल्कुल निकट पहुँच गये। उन्होंने अपने रिवॉल्वर से दनादन चार गोलियाँ दाग दीं। एक गोली असनुल्ला के सीने पर लगी और वह धरती पर गिर पड़ा।

गोलियों की आवाज़ से भयाक्रान्त होकर सभी लोग भाग खड़े हुए परन्तु हरिपद भागे नहीं वरन यह देखने के लिए वहीं खड़े रहे कि असनुल्ला

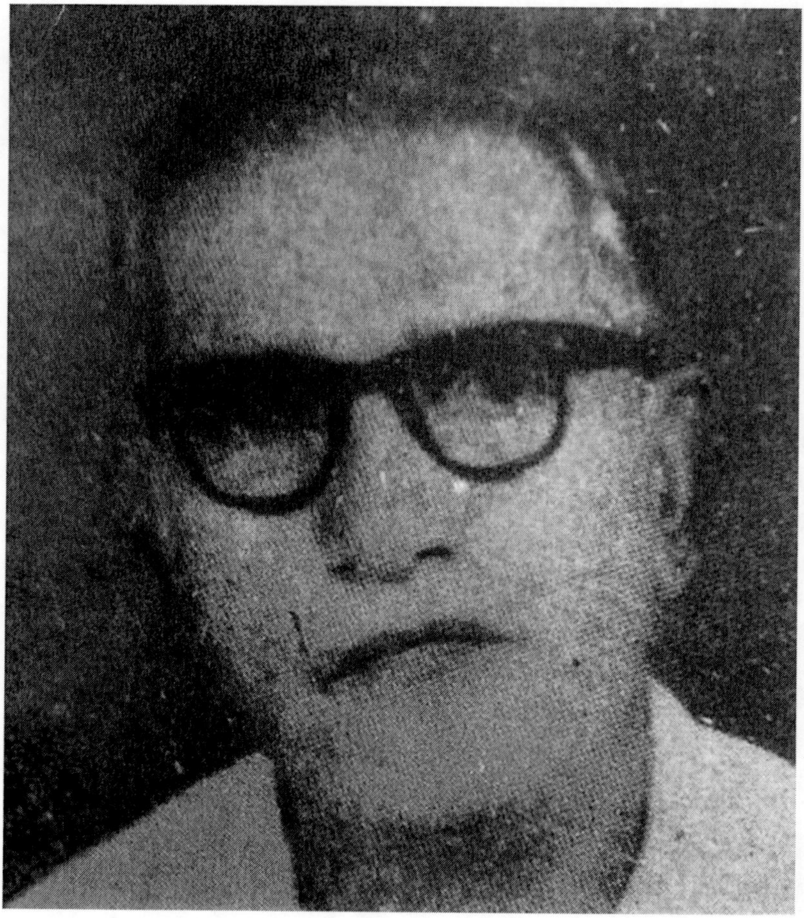

मरा अथवा नहीं। पुलिस वालों ने हरिपद को पकड़कर लातों, घूँसों, बूटों की ठोकरों और डण्डों से क्रूरतापूर्वक पिटाई की। हरिपद बेहोश हो गये। बेहोशी की अवस्था में ही ले जाकर उन्हें चटगाँव कोतवाली में बन्द कर दिया। जब उन्हें होश आया तो फिर उनकी बुरी तरह पिटाई की गयी।

पुलिस हरिपद के घर जा पहुँची और वृद्ध पिता की पिटाई की। हरिपद के अबोध भाई की पुलिस वालों ने बूटों से कुचल-कुचलकर हत्या कर दी। निर्दोष लोगों को पुलिस घरों से घसीट-घसीटकर थाने ले गयी और पीटते हुए तंग कोठरियों में थैलों की तरह एक-दूसरे के ऊपर ठूंस दिया। पुलिस के पाले हुए गुण्ड़ों ने तीन दिन तक चटगाँव में आतंक मचाए रखा, बहुत लूटमार की और दुकानों और घरों में आग लगा दी।

16 सितम्बर, 1931 को हरिपद भट्टाचार्य के मुक़द्दमे की सुनवाई न्यायालय में आरम्भ हुई। 22 दिसम्बर को निर्णय सुना दिया गया। अवयस्क होने के कारण बहादुर और साहसी किशोर क्रान्तिकारी हरिपद को मृत्युदण्ड के बजाय काले पानी की सज़ा दी गयी।

साहसी किशोरी क्रान्तिकारी सखियाँ : शान्ति घोष और सुनीति चौधरी

कोमिल्ला का डिस्ट्रिक्ट मजिस्ट्रेट स्टीवेंस अपने ज़िले से क्रान्तिकारियों का नामो-निशान मिटा देना चाहता था। वह क्रान्तिकारियों को कड़ी सज़ा देता था। शान्ति घोष और सुनीति चौधरी आठवीं कक्षा में पढ़ने वाली दो सुकुमार परन्तु वीर और साहसी, देशभक्त किशोरियाँ थीं। उन दोनों ने स्टीवेंस की हत्या का दृढ़ निश्चय कर लिया।

14 दिसम्बर, 1931 को शान्ति और सुनीति बग्घी में बैठकर सी.जी.वी. स्टेवेंस के बँगले पर जा पहुँची। दोनों ने छद्म नाम इला सेन और मीरा देवी लिखकर एक पर्ची स्टीवेंस के पास पहुँचा दी। स्टीवेंस ने बाहर आकर उन दोनों से भेंट की। किशोरियों ने कहा कि हम तैराकी प्रतियोगिता का आयोजन करना चाहते हैं, उसके लिए आप से शासकीय व्यवस्था का सहयोग चाहते हैं।

उन्होंने लिखित आवेदन भी स्टीवेंस को दे दिया। आवेदन-पत्र पढ़कर स्टीवेंस ने अंदर कार्यालय कक्ष में जाकर उस पर लिख दिया—"प्रधानाध्यापिका अपना अभिमत दें।"

स्टीवेंस जब आवेदन-पत्र लौटा रहा था, तभी एक किशोरी ने रिवॉल्वर निकालकर निकट से दो गोलियाँ दाग दी। स्टीवेंस गोलियाँ का शिकार होने पर अन्दर भागा और उल्टे मुँह धराशायी हो गया। उसके साथी एस.डी.ओ. और प्रहरियों ने शान्ति और सुनीति को पकड़ लिया। स्टीवेंस की तत्काल मृत्यु हो गयी।

शान्ति और सुनीति पर 18 जनवरी, 1932 को मुकदमा चलाया गया। अवयस्क होने के कारण 27 जनवरी, 1932 को दोनों वीरांगनाओं को मृत्युदण्ड के स्थान पर काले पानी का दण्ड दे दिया गया।

स्वतन्त्रता की वीणा के तार झंकृत करने वाली वीरांगना : वीणा दास

कलकत्ता में वेणीमाधव दास एक विद्यालय के कर्त्तयनिष्ठ प्रधानाध्यापक थे। वे नेताजी सुभाषचन्द्र बोस के भी शिक्षक रहे थे। नेताजी ने स्वयं लिखा है कि उनके चरित्र-निर्माण में गुरुवेणीमाधव दास का बहुत योगदान रहा था। वेणीमाधव दास की दोनों बेटियाँ कल्याणी देवी और वीणा दास राष्ट्रीय भावना से ओतप्रोत थीं। अंग्रेज़ों के प्रकोप के कारण कल्याणी देवी छह वर्ष तक कारावास में भी रही थीं।

वीणा दास क्रान्तिकारी दल की सदस्य थीं और असहयोग आन्दोलन में भी सक्रिय प्रतिभागिता करती थीं। अंग्रेज़ी राज के विरोध के कारण उन्हें कारावास में रहना पड़ा था, जहाँ उनकी हत्या करने का प्रयास भी किया गया था। कारावास से मुक्त होने के पश्चात् वीणा ने अंग्रेज़ों से प्रतिशोध लेने का मन बना लिया था।

6 फ़रवरी, 1932 को बंगाल का गवर्नर स्टेनली जैक्सन विश्वविद्यालय के दीक्षान्त समारोह में मुख्य अतिथि के रूप में आया था। वीणा दास जब जैक्सन से अपना बी.ए. आनर्स का उपाधि-पत्र ले रही थीं तब उन्होंने गाउन में छुपा कर रखा रिवॉल्वर निकालकर गोली चला दी। पहली गोली जैक्सन को नहीं अपितु विश्वविद्यालय के एक अधिकारी दिनेशचन्द्र सेन कोलगी, वह घायल हो गया। वीणा दूसरी गोली दागने ही वाली थीं, तभी कर्नल सुहरावर्दी ने उनका हाथ पकड़ लिया। उन्हें बन्दी बना लिया गया।

न्यायालय में वीणादास ने गर्व से यह स्वीकारते हुए कि मैंने ही गवर्नर पर गोली चलाई थी, अपने लिखित बयान में कहा था—"मिदनापुर, हिजली और चटगाँव में जो अत्याचार किये गये थे, वे इतने घिनौने थे कि मैं उन्हें अपने मन से निकाल नहीं सकी। हज़ारों लोगों को जेल में यातनाएँ भुगतनी पड़ रही होंगी और उनके माता-पिता तड़प रहे होंगे। इन सारी बातों ने मेरे मन में एक तूफ़ान खड़ा कर दिया और मेरा रोम-रोम क्रोध और घृणा से भर गया। मेरी मनोदशा मेरे लिए असहनीय हो उठी और मुझे लगा कि मैं पागल हो जाऊँगी। सरकार द्वारा किये जानेवाले इन सारे अत्याचारों को जन-साधारण को सुनाने और उन्हें ग़ुलामी की नींद से जगाने के लिए मुझे यही एकमात्र साधन दिखाई दिया।... बंगाल का गवर्नर मेरा और मेरे देश का दुश्मन है। वह एक विदेशी सत्ता का प्रतिनिधित्व करता है, ऐसी सत्ता जिसने मेरे देश की तीस करोड़ जनता को अपाहिज बना रखा है।"

वीणा दास को 13 वर्ष के कठोर कारावास की सज़ा दी गयी। जब वे सन् 1939 में जेल से मुक्त हुईं तब फिर से राष्ट्रीय आन्दोलन में सक्रिय हो गयीं। भारत छोड़ो आन्दोलन में भाग लेने के कारण उन्हें 3 वर्ष कारावास में रहना पड़ा था।

21 वर्ष की कमसिन उम्र में जीवनाहुति देने वाली क्रान्तिकारी : प्रीतिलता वादेदार

महज़ 21 वर्ष की अवस्था में स्वतन्त्रता की बलि-वेदी में अपना जीवन-पुष्प समर्पित कर दिया था, बंगाल की एक वीरांगना ने। प्रीतिलता वादेदार का जन्म 5 मई, 1911 को तत्कालीन पूर्वी भारत और अब बांग्लादेश के चटगाँव में निर्धन परिवार में हुआ था। उनके पिता नगरपालिका में क्लर्क थे। आरम्भ में प्रीति को उनके माता-पिता घर में ही पढ़ाते थे। 10 वर्ष की आयु में उन्होंने स्कूल में प्रवेश किया। वे चटगाँव के खस्तागिर शासकीय कन्या विद्यालय की मेधावी विद्यार्थी थीं। उन्होंने सन् 1928 में मैट्रिक परीक्षा प्रथम श्रेणी से उत्तीर्ण की। ढ़ाका के इंडेन कॉलेज से जब उन्होंने इंटर किया था, तब पूरे ढ़ाका बोर्ड में उन्होंने पाँचवाँ स्थान प्राप्त किया था। उन्होंने कलकत्ता के बेथुन कॉलेज से दर्शनशास्त्र में स्नातक किया था लेकिन कोलकाता विश्वविद्यालय के अंग्रेज़ अधिकारियों ने उनकी डिग्री रोक ली थी। उन्हें 80 वर्ष बाद मरणोपरान्त डिग्री प्रदान की गयी थी।

प्रीतिलता बचपन से ही झाँसी की रानी लक्ष्मीबाई से बहुत प्रभावित रही थीं। विद्यालयी जीवन में उन्होंने बालचर संस्था की सदस्य बनकर सेवा और अनुशासन की सीख पायी थी। बालचर संस्था के सदस्यों को ब्रिटिश सम्राट के प्रति निष्ठावान रहने की शपथ लेनी पड़ती थी। यह बात प्रीतिलता को तनिक भी नहीं सुहाती थी और यहीं से उनके बाल-मन में विद्रोह और क्रान्ति के बीज अंकुरित होने लगे थे। उन्होंने शिक्षा विभाग

के एक आदेश का अपनी सखियों के साथ विरोध भी किया था, जिसके कारण उन्हें स्कूल से निकाल दिया गया था। जब वे कॉलेज में पढ़ रही थीं तब क्रान्तिकारी रामकृष्ण विश्वास से मिलने जाया करती थीं। रामकृष्ण जब कारावास में थे तब प्रीतिलता क़रीब 40 बार उनसे मिली थीं। बाद में उन्हें फाँसी दे दी गयी थी। स्नातक होने के बाद प्रीतिलता एक विद्यालय में शिक्षिका बन गयी थीं पर उनके मन में तो क्रान्ति की लहरें मचलती रहती थीं। क्रान्तिकारी सूर्य सेन, प्रीतिलता के लिए प्रेरणा के अक्षय स्रोत बन गये थे। 'मास्टर दा' के नाम से मशहूर सूर्य सेन अपने विद्यार्थी काल से ही स्वतन्त्रता संग्राम में सक्रिय हो गये थे। स्नातक होने के बाद वे शिक्षक बने पर कुछ समय पश्चात ही नौकरी छोड़कर चित्तरंजन दास और शरत चन्द्र बोस के साथ आज़ादी की लड़ाई के सेनानी बन गये थे। उन्हें सन् 1926 में बन्दी बना लिया गया था और बाद में रिहा भी कर दिया था। इसी समय प्रीतिलता ने पहली बार सूर्य सेन को देखा था और उनसे प्रभावित होकर स्वतन्त्रता समर में कूद पड़ने का मन बना लिया था। वे सूर्य सेन के नेतृत्व में इंडियन रिपब्लिक आर्मी की सैनिक बन गयी थीं। उनके नेतृत्व में क्रान्तिकारियों द्वारा कई बार अंग्रेज़ों पर हमले किये गये।

पूर्वी बंगाल के खलघाट में अग्रेंजों ने सूर्य सेन, प्रीतिलता, अपूर्व सेन और निर्मल सेन को घेर लिया था। अपूर्व सेन और निर्मल सेन शहीद हो गये। सूर्य सेन की गोली से कैप्टन कैमरान मारा गया। सूर्य सेन और प्रीतिलता संघर्ष करते हुए भागने में सफल हो गये। दोनों ने सावित्री नामक महिला के घर में आश्रय लिया। बाद में सावित्री अंग्रेज़ों की कोपभाजन बनीं। सूर्य सेन पर अंग्रेज़ों ने 10 हज़ार रुपये का इनाम घोषित किया था। सूर्य सेन ने प्रीतिलता के साथ अपने शहीद हुए साथियों का अंग्रेज़ों से बदला लेने का संकल्प लिया। उन्होंने पहाड़ी की तलहटी में यूरोपीय क्लब में नाच-गाने में निमग्न अंग्रेज़ों पर आक्रमण करने की योजना बनायी। 24 सितम्बर, 1932 की रात प्रीतिलता के नेतृत्व में क्रान्तिकारियों ने यूरोपीय क्लब पर हमला कर दिया। हथियारों के साथ ही प्रीतिलता ने अपने पास पोटेशियम साइनाइड विष भी रख लिया था। प्रीतिलता ने क्लब की खिड़की से बम का विस्फोट कर दिया और पिस्तौल से गोलियाँ दागने लगीं। 13 अंग्रेज़ घायल हो गये, एक यूरोपीय महिला मारी गयी,

बाक़ी अंग्रेज़ भाग खड़े हुए। अंग्रेज़ों की एक गोली प्रीतिलता को लगी, वे जख़्मी होकर भागीं लेकिन गिर पड़ीं तब उन्होने ज़हर खाकर आत्मोसर्ग कर दिया। उनके शव की तलाशी लेने पर अंग्रेज़ों को एक छपा हुआ पत्र मिला था, जिसमें लिखा था—"चटगाँव शस्त्रागार काण्ड के बाद जो मार्ग अपनाया जायेगा, वह भावी विद्रोह का प्राथमिक रूप होगा। यह संघर्ष भारत को पूरी तरह स्वतन्त्रता मिलने तक जारी रहेगा।"

महिलाओं के अपमान का प्रतिशोध लिया : कालीपद मुकर्जी

बंगाल में इच्छापुरा का विशेष न्यायाधीश कामाख्याप्रसाद सेन सविनय अवज्ञा आन्दोलन को बुरी तरह कुचल रहा था। वह महिलाओं को अपमानित करने, उन्हें गालियाँ देने और बेतों से प्रहार कराने में बहुत उत्साह दिखाता था। महिलाओं को अपमानित करने के कारण क्रान्तिकारी कामाख्या को दण्डित करना चाहते थे। क्रान्तिकारियों के इरादे की भनक पड़ते ही न्यायाधीश तीन माह का अवकाश लेकर ढ़ाका चला गया और सोचने लगा कि वह वहाँ सुरक्षित रहेगा।

क्रान्तिकारी वीर कालीपद मुकर्जी कामाख्या का पीछा करते हुए ढ़ाका पहुँच गये और पटवा टोली मोहल्ले में एक दर्ज़ी के घर में रहने लगे। कामाख्या वारी मोहल्ले में एक मकान के नीचे की मंज़िल में रह रहा था। ऊपरी मंज़िल में मकान मालिक स्वयं रहता था, जो सब डिविजन ऑफ़िसर था। 27 जून, 1932 की रात में क्रान्तिकारी कालीपद उस मकान तक पहुँच गये। सुबह 4 बजे के लगभग उन्होंने बग़ैर लोहे की छड़ वाली खिड़की से मकान में प्रवेश किया। उन्होंने मच्छरदानी के अन्दर हाथ डालकर सोते हुए कामाख्या को तीन गोलियों से भून दिया और तेज़ी से अपने रहने के ठिकाने पर जा पहुँचे।

गोलियों की आवाज़ सुनकर सब डिविजनल अफ़सर नीचे आया तो उसने ख़ून से लथपथ कामाख्या की लाश को देखा। पुलिस ने दौड़-भाग की परन्तु कोई सुराग़ नहीं मिला। पुलिस ने तारघर को सूचित कर दिया

कि यदि कोई संदिग्ध व्यक्ति तार करने आये तो उसकी सूचना पुलिस को अवश्य दी जाये। दोपहर के समय एक व्यक्ति तार घर पहुँचा और एक तार करना चाहा। तार में लिखा था—"कामाख्या का ऑपरेशन सफल रहा" और प्रेषक के स्थान पर 'सुरेन्द्र मोहन चक्रवर्ती' नाम लिखा था। तारघर वालों ने पुलिस को सूचितकर दिया और पुलिस ने तार घर पहुँचकर उस व्यक्ति को धर दबोचा। उसने बतलाया कि उसे तो तार करने दूसरे व्यक्ति ने भेजा था। उसने दर्ज़ी की दुकान में बैठे कालीपद मुख़र्जी को दिखा भी दिया। कालीपद को बन्दी बना लिया गया। ढ़ाका की विशेष अदालत में मुक़द्दमे की सुनवाई हुई। 8 नवम्बर, 1932 को क्रान्तिवीर कालीपद मुकर्जी को ढ़ाका के केन्द्रीय कारागार में फाँसी दे दी गयी।

आज़ादी के आहुति-यज्ञ में तपकर स्वर्णशिखा बन गयीं : कनकलता बरूआ

असम की तेजस्वी बेटी कनकलता बरूआ मात्र 18 वर्ष की कच्ची उम्र में आज़ादी के आहुति-यज्ञ में तपकर स्वर्णशिखा बन गयी थीं। वीरांगना कनकलता का जन्म कृष्णकान्त बरूआ और कर्णेश्वरी देवी के घर 22 दिस्मबर, 1924 को हुआ था। कनक को पाँच वर्ष की नन्ही उम्र में ही माँ का वियोग सहना पड़ा। उनके पिता ने दूसरा विवाह किया। कनक 14 वर्ष की थीं, तब पिता का साया भी सर से उठ गया। कुछ समय पश्चात् ही सौतेली माँ भी संसार छोड़ गयीं। नानी ने बड़ी कठिनाइयों के बीच कनक का पालन-पोषण किया। कनक घर के कामों में नानी की सहायता करते हुए बड़ी लगन से पढ़ाई करती थीं। परिवार की विषम परिस्थितियों में भी कनक के मन में बचपन से ही देशभक्ति की हिलोरें उठने लगी थीं।

सन् 1931 में रैयत अधिवेशन में भाग लेने वाले देशभक्तों को देश विद्रोह के आरोप में बन्दी बना लिया गया था। इस घटना के कारण असम में असन्तोष का ज्वार उठने लगा था। कनक के अभिभावक उनके हाथ पीले करने की तैयारी कर रहे थे पर कनक तो स्वतन्त्रता संग्राम में कूद पड़ने के लिए तत्पर हो रहीं थीं। 20 सितम्बर, 1942 को एक गुप्त सभा में तेजपुर के थाने पर तिरंगा ध्वज फहराने का निर्णय देशभक्तों द्व ारा लिया गया। कनक आत्मबलिदानी दल की सदस्य थीं। प्रातःकाल ही घर के कामों से निवृत्र होकर राष्ट्रीय ध्वज के साथ तेजपुर से 82 मील दूर गहपुर की ओर चल पड़ीं। गहपुर के थाने की ओर चहुँ दिशा से देशभक्तों

का जुलूस उमड़ रहा था। तिरंगा हाथ में थामे कनकलता जुलूस का नेतृत्व कर रही थीं। जुलूस के नेतृत्वकर्ताओं को कनक की उम्र देखकर यह सन्देह सताने लगा कि कहीं वे भयाक्रान्त होकर भाग नहीं जायें। कनक को जब इस सन्देह का आभास हुआ तब उन्होंने सिंहनी के समान गर्जना करते हुए कहा—"हम युवतियों को अबला समझने की भूल मत कीजिए। आत्मा अमर है, शरीर तो नाशवान है। हम किसी से क्यों डरें?" कनक उत्साहपूर्वक 'करेंगे या मरेंगे' और 'स्वराज्य हमारा जन्मसिद्ध अधिकार है' जैसे नारे लगाते हुए थाने की ओर तूफ़ानी वेग से बढ़ती जा रही थीं।

थाने के प्रभारी पी.एम. सोम ने जुलूस को रोकने का प्रयास किया। कनक ने फिर दहाड़ते हुए कहा—"हमारा रास्ता मत रोकिए। हम आपसे संघर्ष करने के लिए नहीं आये हैं। हम तो थाने पर तिरंगा फहराकर स्वतन्त्रता की ज्योति जलाने आये हैं। उसके बाद हम लौट जायेंगे" थाना प्रभारी ने चेतावनी दी कि अब आगे बढ़े तो गोलियों से उड़ा दिये जाओगे। कनक ने साहस के साथ आगे बढ़ते हुए कहा—"हमारी स्वतन्त्रता की ज्योति बुझ नहीं सकती। तुम गोलियाँ चला सकते हो पर हमें कर्त्तव्य से विमुख नहीं कर सकते।" पुलिस ने गोलियाँ चलाना शुरू कर दिया। बोगी कछारी नाम के सिपाही की पहली गोली को कनक ने अपनी छाती पर झेला। कनक धरती पर गिर गयीं पर उन्होंने तिरंगे ध्वज को झुकने नहीं दिया। दूसरी गोली देशभक्त मुकुन्द काकोती को लगी। गोलियों की बौछार होती रही और देशभक्त आगे बढ़ते रहे। कनक के बलिदान ने देशभक्तों का जोश और बढ़ा दिया। अन्ततः देशभक्त रामपति राजखोवा ने थाने पर तिरंगा ध्वज फहरा ही दिया।

शहीद मुकुन्द काकोती का तेजपुर नगरपालिका के कर्मचारियों ने गुप्त रूप से दाह-संस्कार कर दिया। कनकलता का शव देशभक्त उनके घर तक लाने में सफल हो गये। उनका अन्तिम संस्कार बारंगबाड़ी में करते हुए देशभक्तों ने उन्हें अन्तिम प्रणाम किया। कनक पर गोली चलाने वाले सिपाही का मन आत्मग्लानि से भर गया था। उसने कुएँ में कूद कर प्राण दे दिये। केवल 18 वर्ष की आयु में कनकलता के आत्मबलिदान ने असम में स्वतन्त्रता सेनानियों में अपूर्व जोश भर दिया। बारंगबाड़ी में स्थापित कनकलता मॉडल कन्या हाई स्कूल कनकलता के बलिदान का आज भी साक्षी बना हुआ है।

बंगाल की तेजस्वी बेटी, पंजाब की सिंहनी : सरला देवी चौधुरानी

सरला देवी चौधुरानी बंगाल की तेजस्वी बेटी थीं। वे स्वाधीनता आन्दोलन में 'पंजाब की सिंहनी' के रूप में प्रसिद्ध हो गयीं थीं। सरला देवी का जन्म कलकत्ता में 9 सितम्बर, 1872 को हुआ था। उनकी माँ स्वर्ण कुमारी रवीन्द्रनाथ ठाकुर की बड़ी बहन थीं। स्वर्ण कुमारी बांग्ला की प्रख्यात लेखिका और समाजसेवी थीं। सरला देवी के पिता जानकीनाथ घोषाल ज़मींदार के पुत्र थे। वे बंगाल कांग्रेस के आरम्भिक सचिव रहे थे। सरला देवी को देशभक्ति और साहित्य के संस्कार पारिवारिक विरासत में प्राप्त हुए थे। उन्होंने सन् 1890 में कलकत्ता के बेश्यून कॉलेज से अंग्रेज़ी साहित्य में बी.ए. किया था, उन्हें पद्मावती स्वर्णपदक प्राप्त हुआ था।

सरला देवी कांग्रेस के कलकत्ता अधिवेशन में सम्मिलित रहीं थीं। 24 अक्टूबर, 1901 को उन्होंने कांग्रेस अधिवेशन में विभिन्न राज्यों से आयी लड़कियों के साथ समूह गान 'उठो ओ भारती लक्ष्मी' गाकर उत्साह का संचार कर दिया था। बंकिम चन्द्र चट्टोपाध्याय द्वारा रचित 'वन्दे मातरम्' की प्रथम दो पंक्तियों की धुन गुरुदेव रवीन्द्रनाथ ठाकुर ने बनायी थी और गीत का शेष संगीत सरला देवी ने संयोजित किया था। सरला देवी ने सन् 1911 में कांग्रेस के ऐतिहासिक बनारस अधिवेशन में भी प्रतिभागिता की थी। उन्होंने ही बनारस में पहली बार 'वन्दे मातरम्' का गायन किया था। इसके पश्चात ही 'वन्दे मातरम्' राष्ट्रभक्तों का जयघोष बन गया था।

सरला देवी स्वतन्त्रता आन्दोलन में बंगाल की प्रथम महिला नेता थीं। उन्होंने बंगाल में महिलाओं की जागृति और उनमें राष्ट्रीयता की भावना के संचार के लिए अथक प्रयास किये थे। सन् 1904 में उन्होंने महिलाओं द्वारा निर्मित हस्तशिल्प के विक्रय के लिए 'कलकत्ता लक्ष्मण भण्डार' की स्थापना की थी। वे अपने घर के पीछे स्थित अखाड़े में युवाओं को युद्धकला का प्रशिक्षण दिलवाती थीं। अनेक क्रान्तिकारी भी वहाँ गुप्त रूप से आया करते थे।

सरला देवी का विवाह सन् 1905 में पंजाब के रामभुज दत्त चौधरी से हुआ था। राष्ट्रभक्त रामभुज वकील, पत्रकार और सम्पादक थे। विवाह के उपरान्त पंजाब आ जाने पर सरला देवी रामभुज के राष्ट्रीय उर्दू साप्ताहिक 'हिन्दुस्तान' के सम्पादन में सहयोग करने लगी थीं। जब अंग्रेज़ों ने 'हिन्दुस्तान' का लाइसेंस रद्द करने की पेश्कश की थी, तब सरला देवी ने अपने नाम से पंजीयन करा के अंग्रेज़ी में पत्र का प्रकाशन आरम्भ कर दिया था। जलियाँवाला बाग़ के नृशंस जनसंहार के विरोध में आग उग़लती सामग्री प्रकाशित करने पर अंग्रेज़ों ने दोनों पत्रों का प्रकाशन बन्द कर दिया था और प्रेस को ज़ब्त कर लिया था। रामभुज चौधरी को बन्दी बना कर अंग्रेज़ों ने कारावास में भेज दिया था।

गाँधीजी की आध्यात्मिक पत्नी

जलियाँवाला बाग़ नरसंहार के पश्चात महात्मा गाँधी लाहौर आये थे तब सरला देवी के घर में ही रहे थे। सरला देवी गाँधी जी की अनुयायी बन गयी थीं। गाँधी जी, सरला देवी को अपनी 'आध्यात्मिक पत्नी' कहते थे। बाद में गाँधी जी ने यह स्वीकारोक्ति भी की थी कि उनके कारण सरला देवी की शादी टूटते-टूटते बची थी। सरला देवी के पति रामभुज गाँधी जी के अहिंसा के सिद्धान्त से सहमत नहीं थे, इसलिए उनका मतभेद भी हुआ था। सरला देवी ने अपने इकलौते पुत्र दीपक चौधरी का विवाह गाँधी जी की पौत्री राधा से किया था।

सरला देवी पंजाब में खादी के प्रचार में जुटी रहीं। सन् 1910 में सरला देवी ने महिलाओं के अखिल भारतीय संगठन के रूप में 'भारतीय स्त्री महामण्डल' की स्थापना की थी, जिसके कार्यालय लाहौर के साथ ही इलाहबाद, दिल्ली, कराची, अमृतसर, हैदराबाद, कानपुर, बाँकुरा, हज़ारी बाग़ और कलकत्ता में स्थापित किये गये थे। सरला देवी ने 'वीमेंस इंडिया एसोसिएशन' और 'ऑल इंडिया वीमेंस कॉन्फ्रेंस' की स्थापना भी की थी।

सन् 1923 में अपने पति के देहान्त के उपरान्त सरला देवी कलकत्ता आ गयीं थीं। सन् 1924 से 1926 तक उन्होंने 'भारती' पत्रिका का सम्पादन किया था। लड़कियों की शिक्षा को बढ़ावा देने के लिए कलकत्ता में उन्होंने शिक्षा सदन की स्थापना की थी। सरला देवी अच्छी लेखिका भी थीं और उन्होंने अनेक पुस्तकें भी लिखीं थीं। अपने जीवन के अन्तिम समय में सरला देवी हिमालय के आसपास धर्म-साधना में निमग्न रहती थीं। 18 अगस्त, 1945 को उनका निधन हो गया था।

प्रान्त-प्रान्त में ध्वजारोहण : 'झण्डा ऊँचा रहे हमारा'

1942 के 'भारत छोड़ो आन्दोलन' में शासकीय भवनों पर तिरंगा फहराने की देशप्रेमियों में होड़ लग गयी थी। शान्तिपूर्वक ध्वजारोहण करने वाले आन्दोलनकारियों को अनेक नगरों में पुलिस के प्रतिरोध का सामना करना पड़ा था। अनेक राष्ट्रभक्त पुलिस की गोलियों का निशाना बन गये थे, जिनमें बच्चे, महिलाएँ और वृद्धजन सभी सम्मिलित थे।

देवीपद चौधरी

देवीपद चौधरी का जन्म बंगाल के सिलहट ज़िले में 16 अगस्त, 1928 को हुआ था। उनके पिता देवेन्द्रनाथ चौधरी शिक्षक थे। 11 अगस्त, 1942 को पटना, बिहार के सचिवालय पर तिरंगा ध्वज फहराने के प्रयास में जब एक के बाद एक आज़ादी के 11 दीवाने पुलिस की गोली के शिकार हो गये, तब 14 वर्षीय किशोर देवीपद चौधरी ने आगे बढ़ कर तिरंगा अपने हाथों में ले लिया। कुछ वयस्क व्यक्तियों ने देवीपद को रोकने का प्रयत्न किया तो उन्होंने कहा—"आज़ादी की बलि वेदी पर यदि बड़ों को अपनी आहुति देने का अधिकार है तो छोटे इस अधिकार से क्यों वंचित रहें? शहादत की इस दौड़ में मैं दर्शक बनकर नहीं रहना चाहता।" तिरंगा लिए देवीपद आगे बढ़े तो पुलिस की सनसनाती गोली उन्हें लगी, वे धरती पर गिर गये परन्तु झण्डा ऊँचा उठाये रखा। जब एक अन्य साथी ने ध्वज उनसे ले लिया, तब वे आँखें बन्द कर हमेशा के लिए सो गये।

फुलेनाप्रसाद श्रीवास्तव

सारन ज़िले में सेवान के थाने पर तिरंगा लगाने के लिए आगे बढ़ रहे देशभक्त फुलेनाप्रसाद श्रीवास्तव के शरीर में एक के बाद एक पुलिस की सात गोलियाँ लगीं परन्तु वे आगे बढ़ते ही गये। उनकी पत्नी भी साथ में थीं, उन्होंने घायल पति से झण्डा लेने की चेष्टा की तब फुलेना ने कहा—"मेरे मरने के बाद ही तुम यह झण्डा थामना।" आठवीं गोली फुलेना के माथे में लगी और वे धराशायी हो गये। उनकी पत्नी ने अपनी साड़ी फाड़कर पति के सर में पट्टी बाँध दी और तिरंगा लेकर आगे बढ़ गयीं। उनकी रक्षा के लिए कुछ लोग उनके आगे आ गये। तीन-चार और देशभक्तों के प्राण पुलिस की गोलियों ने ले लिए, अन्ततः थाने पर ध्वज फहरा दिया गया।

बिहार के डुमरांव में 16 अगस्त, 1942 को पाँच हज़ार देशभक्तों का जुलूस पुलिस थाने पर ध्वजारोहण के लिए आगे बढ़ रहा था।

जुलूस में महिलाएँ और बच्चे भी थे। तिरंगा नवयुवक कपिल मुनि के हाथों में था, उन्हें पुलिस की गोली लगी। उनके धरती पर गिरते ही एक अन्य युवक रामदास ने झण्डा अपने हाथों में ले लिया, पुलिस की गोली ने उन्हें भी धराशायी कर दिया। तब एक 60 वर्षीय वृद्ध ने ध्वज को थाम लिया, पुलिस की गोली से उनके प्राण-पखेरु भी उड़ गये। फिर बालक गोपाल राम झण्डे को लेकर आगे बढ़े, पुलिस की गोली ने उन्हें भी भून दिया। इसके बाद अनेक देशभक्तों का समूह एक साथ दौड़ पड़ा और थाने पर तिरंगा फहरा दिया। बिहार में ही गया के पास कुरथा थाने पर ध्वज फहराने के लिए जब ग्रामीण देशभक्तों का जुलूस पहुँचा तो पुलिसवालों ने लाठी, बल्लम और बर्छियों से निहत्थे ग्रामीणों पर आक्रमण कर दिया। श्यामबिहारी लाल शहीद हो गये। गाँव में राष्ट्रीय चेतना की ज्योत जलाने वाले शिक्षक दुसाध सिंह अरवाल को थाने के अन्दर ले जाकर पुलिसवालों ने इतना पीटा कि वे स्वर्गारोहण कर गये।

आसाम में तेजपुर से 16 मील दूर ढोकाई जुली गाँव के देशभक्त थाने पर ध्वजारोहण के लिए पहुँचे। सबसे आगे 12 वर्ष की फूल-सी बच्ची फूलेश्वरी तिरंगा थामे उत्साह से आगे बढ़ रही थीं। पुलिस की गोली लगने से फूलेश्वरी का बलिदान हो गया। गोलियाँ चलती रहीं और देशभक्त आगे बढ़ते रहे। कुछ ही क्षणों में स्वतन्त्रता के समर्थक 20 व्यक्ति शहीद हो गये। सूचना मिलने पर समीप से सेना का एक दल भी वहाँ आ गया। सैनिकों ने निर्दयतापूर्वक देशभक्त महिला और पुरुषों को मारा-पीटा, घसीटा और संगीनों से भेदा। थाने से कुछ दूरी पर एक मेला लगा हुआ था, फ़ौजी वहाँ भी जा पहुँचे और यह समझकर कि यह सब भी प्रदर्शनकारी हैं, गोली चलाने लगे। गोलियों ने 10 पुरुषों और 6 महिलाओं के प्राण ले लिए, जिनमें एक गर्भवती भी थी। सौ से अधिक व्यक्ति घायल हो गये।

आसाम में नवगाँव ज़िले के बरहमपुर गाँव में देशभक्तों की एक सभा हो रही थी, जिसमें सभी ग्रामीण देशभक्त तिरंगा ध्वज अपने हाथ में लेकर बैठे थे। रत्नमाली नाम की नन्ही बच्ची भी झण्डा लिए सभा में बैठी थी। सूचना पाकर अंग्रेज़ फ़ौजी सभा में पहुँच गये। एक अंग्रेज़ सैनिक ने रत्नमाला को धक्का देकर झण्डा छीन लिया। रत्नमाला की दादी भोगेश्वरी ने सैनिक से ध्वज छीनकर उसकी पिटाई कर दी। सैनिक ने गोली मारकर

भोगेश्वरी के प्राण ले लिए। गोलियाँ लगने से थानूराम, बालूराम और लक्ष्मीराम हज़ारिका भी शहीद हो गये।

म.प्र. में सागर ज़िले के गढ़रकोटा में 22 अगस्त, 1942 को थाने पर तिरंगा फहराने के लिए आगे बढ़ रहे साहू लाल बैसाखिया के शरीर को पुलिस की कई गोलियों ने छलनी कर दिया, दूसरे दिन अस्पताल में उनका निधन हो गया। म.प्र. के ही जबलपुर में सातवीं कक्षा के विद्यार्थी गुलाब सिंह झण्डा लेकर जुलूस में सबसे आगे चल रहे थे। गुलाब सिंह खाकी रंग की पोशाक पहने हुए थे और सिपाही जैसे लग रहे थे। पुलिस की गोली ने गुलाब जैसे कोमल गुलाब सिंह को ज़मीन पर गिरा दिया, दूसरे दिन अस्पताल में उनका प्राणान्त हो गया। गुलाब सिंह, लक्ष्ममण सिंह के बेटे थे।

मण्डला, म.प्र. के तेजस्वी किशोर उदय जैन बहुत तेजस्वी थे। उनका जन्म 10 नवम्बर, 1922 को हुआ था। वे त्रिलोक चन्द जैन और खिलौनाबाई के लाड़ले सपूत थे। वे 10 वीं कक्षा के विद्यार्थी थे। 15 अगस्त, 1942 को हाथ में तिरंगा ध्वज लिए हुए उदय चन्द ही जुलूस का नेतृत्व कर रहे थे। पुलिस की दो गोलियाँ झेल कर उदय चन्द बेहोश होकर गिर पड़े। बेहोशी की अवस्था में ही पुलिस ने उन्हें बन्दी बना लिया। अगले दिन अस्पताल में उदय चन्द का जीवन सूर्य अस्त हो गया।

उमाशंकर पण्डया महाराष्ट्र में किर्लोस्कर कारखाने में इंजीनियर थे। वे भारत छोड़ो आन्दोलन में सम्मिलित हो गये थे। 3 सितम्बर, 1942 को उमाशंकर के नेतृत्व में आन्दोलनकारियों ने तासगाँव के मामलतदार कार्यालय पर तिरंगा ध्वज फहरा दिया था। अपनी इस सफलता से उत्साहित होकर 8 सितम्बर, 1942 को इस्लामपुर की कचहरी पर ध्वजारोहण करने के लिए जा रहे जुलूस का नेतृत्व भी उदय शंकर ही कर रहे थे। जुलूस में किर्लोस्कर कारखाने के चार सौ श्रमिक भी सम्मिलित थे। इस बार उमाशंकर पुलिस की गोली लगने से शहीद हो गये। कुछ और देशभक्त भी शहीद हो गये और अनेक व्यक्ति घायल हो गये। उदय शंकर पण्डया का जन्म नागपुर ज़िले के कामठी में 1918 के सितम्बर माह में हुआ था। उनके पिता रेवाशंकर पण्डया और माँ गोपीबाई थीं। महाराष्ट्र के चिमूर में थाने पर झण्डा फहराने के लिए जा रहे जुलूस में सम्मिलित देशभक्त बालाजी पराई और भाऊ लाल परदेशी पुलिस की गोली लगने से शहीद हो गये थे।

शंकर भाई धोबी का जन्म गुजरात के केरा ज़िले के डाकोर ग्राम में सन् 1928 में हुआ था। वे डाइया भाई धोबी के पुत्र थे। वे हाई स्कूल के विद्यार्थी थे और उनकी आयु केवल 14 वर्ष की थी। केरा नगर में देशभक्तों के जुलूस का नेतृत्व करते हुए वे तिरंगा ध्वज लेकर आगे बढ़ रहे थे। पुलिस की गोली लगने से वे शहीद हो गये थे।

उत्तर प्रदेश में देवरिया ज़िले के रघुपति राय, ईश्वरी प्रताप राय के शिष्य थे। वे तिरंगा ध्वज लिए हुए जुलूस में सबसे आगे थे। पुलिस की चेतावनी के पश्चात भी वे रुके नहीं। पुलिस की कई गोलियाँ उनके शरीर में प्रवेश कर गयीं और वे घटनास्थल पर ही शहीद हो गये।

उत्तर प्रदेश के बलिया ज़िले में 17 अगस्त, 1942 को हथियारों के साथ आन्दोलनकारी थाने पर पहुँच गये। चालाक थानेदार ने उन्हें थाने पर झण्डा फहराने दिया और गाँधी टोपी पहनकर 'महात्मा गाँधी की जय' बोलने लगा। थानेदार ने आन्दोलनकारियों के हथियार थाने में जमा कर लिए। जब हथियार वापस माँगे गये तो थानेदार ने दूसरे दिन आकर हथियार ले जाने के लिए कहा। दूसरे दिन जब देशभक्त थाने पर पहुँचे तब थानेदार ने कहा कि 5-10 नेता थाने के अन्दर आकर हथियार ले लें और शेष व्यक्ति बाहर ही रहें। नेता थाने में चले गये तो थानेदार ने उन्हें जेल में बन्द कर दिया और थाने की छत से गोलियों की बौछार शुरू कर दी। गोली लगने से देशभक्त युवा कौशल्य कुमार शहीद हो गये। पुलिस के पास गोलियाँ ख़त्म हो गयीं, तब आन्दोलनकारियों ने अपने नेताओं को मुक्त कराकर थाने में आग लगा दी।

बलिया ज़िले के सुखपुरा गाँव में पहुँच कर अंग्रेज़ अधिकारी मार्श स्मिथ ने अगस्त, 1942 में बहुत आतंक मचाया था। उसने एक महन्त पर गोली चलायी, महन्त बच गया तो उसके हाथी को मार दिया। स्मिथ ने एक किसान चण्डीप्रसाद को सिर्फ़ इसलिए गोली का निशाना बनाया क्योंकि उन्होंने गाँधी टोपी पहन रखी थी। बासंडी गाँव को लूटकर फ़सलों में आग लगा दी गयी। रामकृष्ण सिंह और बाग़ेश्वर सिंह को पुलिस ने पीट-पीटकर मार डाला। मुजफ़्फ़रनगर ज़िले में हरिसिंह ने पुलिस के कहने पर गाँधी टोपी नहीं उतारी तो उन्हें मार डाला गया।

विद्रोही सेनानायक : चन्द्र सिंह गढ़वाली

पेशावर की जनसंख्या में 98 प्रतिशत मुसलमान थे। अंग्रेज़ों ने पेशावर के देशभक्तों का दमन करने के लिए हिन्दू सैनिकों वाली पलटनें पेशावर में तैनात की थीं, जिनमें गढ़वाली सैनिकों की टुकड़ी भी थी। गढ़वाली टुकड़ी का नेतृत्व हवलदार मेजर चन्द्र सिंह गढ़वाली कर रहे थे। 22 अप्रैल, 1930 को जब चन्द्र सिंह अपने सैनिकों को सैन्य-महत्व की कुछ बातें समझा रहे थे, तब उनका अंग्रेज़ी अफ़सर वहाँ आया। अंग्रेज़ अफ़सर ने सभी सैनिकों से कहा—"पेशावर में 98 प्रतिशत मुसलमान हैं, जो हिन्दुओं को सताते रहते हैं। वे हिन्दुओं की दुकानें लूट लेते हैं और उनमें आग लगा देते हैं। हिन्दुओं की रक्षा करने के लिए ब्रिटिश सरकार ने यहाँ हिन्दू पलटन भेजी है। तुम लोगों को हिन्दू दूकानदारों की रक्षा करने के लिए शहर में जाना पड़ सकता है और मुसलमान गुण्डों पर गोली चलानी पड़ सकती है।"

अंग्रेज़ अफ़सर के चले जाने के पश्चात चन्द्र सिंह ने अपने जवानों से कहा—"अभी हमारा अंग्रेज़ साहब जो कुछ कह गया है, वह सरासर झूठ है। झगड़ा हिन्दू और मुसलमान का नहीं है। झगड़ा तो अंग्रेज़ सरकार और कांग्रेस का है। कांग्रेस देश की आज़ादी के लिए लड़ रही है। यहाँ कांग्रेस में मुसलमानों की संख्या अधिक है। यदि हमें उन पर गोली चलाने के लिए कहा जाये तो क्या हमें अपने उन हिन्दुस्तानी भाइयों पर गोली चलाना चाहिए, जो हमारे देश की आज़ादी के लिए लड़ाई लड़ रहे हैं। ऐसा करने से पहले यदि हम खुद को ही गोली मार लें तो ज़्यादा अच्छा रहेगा।

अपने भाइयों पर गोली चलाना देश के प्रति ग़द्दारी होगी। मैं जानना चाहता हूँ कि आप लोग क्या करना चाहेंगे।"

चन्द्र सिंह की बात सुनकर एक सैनिक ने कहा—"हमारे अफ़सर तो आप हैं। हमें आप जो हुक्म देंगे, हम उसका पालन करेंगे।" इस कथन से सभी सैनिकों ने अपनी सहमति जता दी।

22 अप्रैल, 1930 की सुबह अंग्रेज़ों ने चन्द्र सिंह की पलटन को पेशावर के काबुली फाटक पर तैनात कर दिया, जिसे 'क़िस्साख़ाना' भी कहा जाता था। क़िस्साखाना की पुलिस चौकी के सामने कांग्रेस की सभा हो रही थी। देशभक्त नेता बहुत जोश के साथ भाषण दे रहे थे। इसी समय अंग्रेज़ फ़ौजी अफ़सर कैप्टन रिकेट वहाँ आ गया और बोला—"तुम लोग यहाँ से चले जाओ, नही तो तुम पर गोलियाँ चला दी जायेंगी।" रिकेट की चेतावनी का देशप्रेमियों पर कोई प्रभाव नहीं हुआ और सभा चलती रही। क्रुद्ध हो कर रिकेट ने आदेश दिया—"गढ़वाली बटालियन, तीन राउण्ड फ़ायर।" गढ़वाली सैनिकों ने आदेश का पालन नहीं किया। रिकेट ने क्रोधित होकर चन्द्र सिंह की ओर देखा। चन्द्र सिंह ने दृढ़ता से कहा—"अपने निहत्थे हिन्दुस्तानी भाइयों पर हम गोली नहीं चलायेंगे।"

रिकेट ने तुरन्त अंग्रेज़ सैनिकों की पलटन को बुलवा लिया और उसे गोली चलाने का आदेश दिया। गोलियों की बौछार से अनेक देशभक्तों के शव धरती पर बिछ गये। 24 अप्रैल 1930 की सुबह मेजर ब्रास्किन ने गढ़वाली सैनिकों को डाँटने-फटकारने के पश्चात पुनः शहर में जाने का आदेश दिया। कोई सैनिक शहर की ओर नहीं गया। गढ़वाली सैनिकों को सर पर अपना सामान रखे हुए बरसते पानी में दौड़ाते हुए रेलवे स्टेशन ले जाया गया और ट्रेन में बैठा कर रवाना कर दिया गया। ऐबटाबाद में उन्हें ट्रेन से उतार दिया गया, उनका सामान खच्चरों पर लाद दिया गया और उन्हें फिर दौड़ने का आदेश दिया गया। बहुत तेज़ वर्षा हो रही थी और गढ़वाली सैनिक घुटने-घुटने पानी में दौड़ने को विवश थे। ऐबटाबाद के राष्ट्रभक्त नागरिक भी सैनिकों पर पुष्पों की वर्षा करते हुए उनके साथ दौड़ रहे थे। सैनिकों को काकुल ले जाया गया।

काकुल में विद्रोही गढ़वाली सैनिकों का कोर्ट मार्शल किया गया। 2 जून, 1930 की रात चन्द्र सिंह की वर्दी उतरवा दी गयी।

उन्हें सेना से निकाल दिया गया, कारावास की सज़ा दी गयी और उनकी सम्पत्ति ज़ब्त कर ली गयी। 11 वर्ष 8 महीने की सज़ा काटने के पश्चात चन्द्र सिंह गढ़वाली जेल से मुक्त हुए। वे सन् 1942 के भारत छोड़ो आन्दोलन में सम्मिलित हो गये। उन्हें अंग्रेज़ों ने बन्दी बना कर फिर 7 वर्ष के लिए कारावास में भेज दिया। वे कुछ दिन पं. जवाहरलाल नेहरू के साथ भी कारावास में रहे थे। स्वतन्त्रता प्राप्ति के साथ चन्द्र सिंह कारावास से मुक्त हुए। बहादुर विद्रोही चन्द्र सिंह को स्वतन्त्र भारत में केवल 30 रुपये माह की पेंशन दी गयी थी।

❑❑